本书得到上海市科技发展基金软科学研究博士生学位论文资助(200906009)

Enlightenment from the U.S. Financial Crisis on the Development of Producer Services

美国金融危机对生产者服务业发展的启示

杨 玲 著

经济管理出版社
ECONOMY & MANAGEMENT PUBLISHING HOUSE

图书在版编目（CIP）数据

美国金融危机对生产者服务业发展的启示/杨玲著.
—北京：经济管理出版社，2010.12
ISBN 978—7—5096—1194—4

Ⅰ.①美…Ⅱ.①杨…Ⅲ.①金融危机—影响—服务业—经济发展—研究—美国　Ⅳ.①F837.125.9②F719

中国版本图书馆 CIP 数据核字（2010）第 237641 号

出版发行：经济管理出版社
北京市海淀区北蜂窝8号中雅大厦11层
电话：(010)51915602　邮编：100038

印刷：北京晨旭印刷厂	经销：新华书店
组稿编辑：张　艳	责任编辑：刘　宏
技术编辑：杨国强	责任校对：超　凡

720mm×1000mm/16　　　　　　11 印张　　191 千字
2011 年 4 月第 1 版　　　　　　2011 年 4 月第 1 次印刷
定价：35.00 元
书号：ISBN 978—7—5096—1194—4

·版权所有　翻印必究·

凡购本社图书，如有印装错误，由本社读者服务部
负责调换。联系地址：北京阜外月坛北小街2号
电话：(010) 68022974　邮编：100836

"当代中国中青年经济学家文库"
学术委员会

主　任： 陈佳贵

秘书长： 沈志渔

委　员：（按姓氏笔画排列）

王文寅	王延中	邓荣霖	毛蕴诗
卢福财	吕　政	刘力钢	李　凯
李曦辉	芮明杰	汪同三	汪海波
余永定	吴家骏	陈　宪	陈　耀
张世贤	杨世伟	杨冠琼	金　碚
周叔莲	郑海航	洪　涛	赵景华
郭克莎	唐晓华	高　闯	翁君奕
黄如金	黄津孚	黄速建	黄群慧
戚聿东	梅洪常	蒋乃华	韩岫岚
熊胜绪	魏后凯		

总 序

管理学和经济学作为哲学社会科学中实践性较强的学科，与我国的经济发展和人们的生活具有较为紧密的联系。改革开放以来，随着我国国民经济的快速发展，管理学和经济学的学科建设也取得了显著成就，成为越来越热门的学科。国外的大量著作，特别是西方的学术著作被翻译引进到国内，一些比较成熟的理论、方法、概念和范式被陆续介绍进来。其中有许多先进的思想和经验为中国经济建设提供了有益的借鉴，促进了中国经济的健康发展。同时，国内管理学和经济学的理论工作者和实践家，在引进、消化和吸收的基础上，辛勤耕耘，积极探索，在促进西方经济学、管理学本土化方面下了很大力量，取得了显著的成效，创作出一大批有影响的学术力作。

近年来，国内出版了种类繁多的经济管理类图书，但质量参差不齐、良莠混杂的现象比较突出，给国内读者的阅读带来一定的困难。从客观上讲，我国经济管理学科发展还滞后于经济管理的实践。在社会主义现代化建设的进程中，有许多新现象、新问题，需要进行深入研究和探讨。随着我国经济体制改革的深化和经济发展的加速，经济现象将更加复杂化，这就对经济学和管理学在理论上的发展和创新提出了更高的要求。

这套丛书是由经济管理出版社组织国内大专院校和科研院所一批学有所成的专家学者撰写的经济学、管理学系列丛书。该套丛书学术性较强，力图在尽可能吸收国内外前人成果的基础上，结合中国的实际进行本土化的研究和创新，体现了较高的研究水平。为了保证本套图书的质量，特邀请国内管理学和经济学领域知名的专家成立了专家委员会，从理论与实践的角度对入选专著严格把关。专家委员会对入选的学术成果坚持较高标准：第一，专著的作者必须具有博士学位；第二，专著所研究的问题必须处于经济学或管理学的前沿领域；第三，研究成果必须在理论上结合中国的实际进行本土化的创新；第四，要求有两位具有正高职称、从事相关领域研究的专家作为著作的推荐人。

我们希望，这套丛书的出版，能够对我国经济学、管理学的学科建设起到积极的促进作用，为解决我国社会主义经济建设中遇到的各种复杂问题提供理论的依据和切实可行的操作方法，并为广大读者了解、认识当代中国经济和企业管理的发展状况和发展趋势，从理论和实践上提供有益的帮助。同时，这套丛书的出版还将为国内从事经济学、管理学研究的学者搭建起一个出版高水平学术著作的平台，我们希望通过这个平台不断推出更多高水平的经济学、管理学著作。

陈佳贵

2006年5月

前　言

2008 年对于美国来说，是一个发生严重金融危机的年头。9 月，美国的投行巨头——雷曼兄弟公司宣布破产，整个世界的目光开始瞄向华尔街。实际上自 2007 年 3 月起，美国一家大型住房次级抵押贷款企业——新世纪金融公司宣布破产以来，紧接其后就有 30 余家抵押贷款公司停业，股票价格几乎直线下落。尤其 2008 年春季之后的半年来，美国最大的住房次级贷款公司房地美、房利美的落魄，最大的跨国贷款保险公司美国国际集团（AIG），最大的储蓄银行华盛顿互助银行以及最大的五家投资公司中的三家——美林、雷曼兄弟、贝尔斯登都已先后陷入困境。同时还有 120 家有问题的银行处于倒闭的边缘。据英格兰银行的估计，全球金融机构因这场危机而遭受的损失将达 1.8 万亿英镑，约合 2.78 万亿美元。一场浩浩荡荡的金融危机由此在华尔街蔓延开来，究竟这场金融风暴缘何而来？其源头其实就是人们所说的美国住房次贷危机。

自 20 世纪 80 年代起，美国经济进入衰退期，商机减少，农产品出口下降，利率上升。为促进经济的尽快复苏，里根时期（1981～1989 年）采用降低利率，从而拉动投资，刺激经济的尽快回暖。同时随着新自由主义的兴起和高新技术的发展，金融领域原有的用于治理 30 年代金融危机中分业经营和金融规制的《格拉斯—斯蒂格尔法案》（Grass-Steagel Law）被《格雷姆—里奇—比利雷法姆金融服务现代法案》（Gramm-Leach-Billey Finance Service Modernization Act）取代，又一次开创了银行业、保险业和证券业混合经营的局面，由此华尔街所创造出来的金融衍生品也层出不穷。如次贷证券（Mortgage-Backed Security，MBS）、商业次贷证券（Commercial Mortgage-Backed Securities，CMBS）、债务抵押担保承诺（Collateralized Debt Obligation，CDO）、可易违约信贷（Credit Default Swap，CDS）等近 1500 种形式多样的金融衍生品。如此复杂并经多重包装的金融产品最后竟不知从哪里来到哪里去，其中蕴涵的风险与投机成分可想而知。在市场利率不断下调的情况下，商业银行推出低息无抵押房贷，这对于梦想拥有房产的美国人来说是一个难以阻挡的诱惑。因为市场的大量需求，房产市场价格日益见涨。依据供给与需求的经济规律，越来越多房产的过剩供给，导致了之后部分房产闲置和价格下跌。同时，商业银行家们为防止利益流失提升了房贷利率，由此造成大多数按揭房主无法如期还贷而引起银行资金链的断裂。实际上，此前银行早已将房贷合同出售给了中介机构，由此打包、包装后再转售给投行和证券公司。华尔街上的投机家们将其再次整装后以美国国债的形式向世界兜售。投行、证券公司以及银行的倒闭使美国无法掩饰地必须面对这场金融风暴的来临。

基于2008年美国金融危机爆发的背景，通过对实际数据的分析可以发现美国当前产业结构的问题所在：制造业日渐萎缩，金融业畸形膨胀，最终因次贷危机而引发金融危机、经济危机和全球危机。

有关虚拟资本，最早由马克思提出这一概念。他在《资本论》第三卷第五篇"论述信用和虚拟资本"中，对虚拟资本的概念、形成体系和运作方式进行了详尽分析。马克思认为，虚拟资本是在借贷资本（生息资本）和银行信用制度的基础上产生的，包括股票、债券、不动产抵押单等。虚拟资本本身并不具有价值，它只是可以帮助实体经济加速运转、扩大规模、提高生产效率，以促进实体经济的快速发展为目的，从而实现实体经济的价值增值。虚拟资本本身并不加入到生产活动中去，不产生价值增值，它只是对实体经济起到辅助其增长和发展的作用。虚拟经济通过循环运动产生利润，而不是通过从事生产产生效益。这是它与实体资本最大的不同之处。在此结合美国金融业与制造业的不同之处，我们就能相对容易地理解金融业在创造巨大产值的同时却维持着相对较低劳动生产率的原因。两者之间的差距就是由虚拟经济中存在的虚假成分所致。美国2008年金融危机就是因为虚拟经济中的虚假成分催生了大量的经济泡沫，最终导致泡沫破裂而引发的。

基于2008年美国金融危机爆发的背景，在此引入生产者服务业这一概念。生产者服务业最早是由Greenfield（1996）界定的。后经Browning & Singelmann（1975）等经济学家根据联合国标准产业分类（SIC）的规则将服务业进一步细分为消费者私人服务业、生产者服务业、分销服务业和社会服务业。其中生产者服务业是与制造业直接相关的配套产业。它是从制造业内部生产服务部门中发展起来的新兴产业。从过去单个制造业中提炼出高附加值、高知识含量的环节以独立产业的形式分离出来，从而更好地发挥规模经济的效应，有效提高制造业中间产品的科技含量，实现最终产成品价值增值。与传统的服务业相比，生产者服务业是一种高智力、高积聚、高成长、高辐射的现代服务业。从制造业中分离出来的生产者服务业，既与其分离母体——制造业有关，又以现代服务业的形式出现。因此，从理论上讲，生产者服务业是实现将实体经济与虚拟经济完美结合的理想产业。但如果让我们深入研究世界上最先进、最发达的美国生产者服务业的发展现状，我们会从中发现出乎意料的异样问题。美国经历了新经济长达119个月的经济增长，拥有目前世界上最发达的生产者服务业。2001年，美国生产者服务业对GDP的贡献率达到68.10%，2005年为55.10%，2007年是56.85%，在GDP中所占比重为52.12%。同时，生产者服务业对GDP增长的高贡献率，足以证明其在美国经济增长过程中发挥着至关重要的作用。即便是拥有如此发达和权重的生产者服务业的美国，于2008年仍然发生了金融危机。其原因又何在呢？

本书基于以上疑问，立足于生产者服务业这一独特视角，从研究美国生产者服务业入手，结合我国当前正处于产业升级、产业转型的关键时期，分析我国生产者服务业的发展现状，我国生产者服务业与国际贸易间的相互关系以及我国服务业、服务贸易和生产者服务贸易间的相互关系，以进一步探索有效提升我国生产者服务业的正确途径。2008年美国金融危机的发生是一个令世界各国为之震惊的历史性事件。而且，这一危机的到来进一步引发了美国经济危机和世界性的金融危机。可以说，其对世界经济的破坏程度是空前的，所造成的损失也是意料之外的。而针对这场可怕的金融危机原因的解读，可以说是众说纷纭。

2005年年初，本·伯南克（Ben Shalom Bernanke）曾提出全球储蓄过多的观点。他的这一观点在当时就引起了经济学家和政策制定者们的关注。他认为1997年亚洲金融危机使得东亚国家的投资减少，而由过剩储蓄造成的资金剩余流入了美国，使得美国资金的流动性过剩。所以，美国经常性账户逆差是由东亚国家过分节俭造成的。

与本·伯南克不同，索罗斯认为，这次危机标志着美国持续了60年的信贷扩张时代的终结。这场危机并非外部冲击所致，而是来源于金融体系自身，是美国过去30年来自由市场理论主宰经济政策的最终恶果。索罗斯预测，美国金融危机将会引发全球经济的根本性变化。在这一调整过程中，美国将相对衰落，而中国和其他发展中国家将会崛起。

还有许多人将其过错归结到新自由主义理论的忠实执行者、美国联邦储备委员会原主席格林斯潘身上。他们认为2000年后格林斯潘始终维持美国国内的低利率水平，促使美国国内的住房市场出现了畸形的表面繁荣，而美联储对包括次级抵押贷款在内的新型住房抵押贷款产品未能很好地监管，从而引发了这场自20世纪30年代以来美国历史上最严重的经济危机。

2008年诺贝尔经济学奖获得者，美国经济学家保罗·克鲁格曼认为，此次金融危机的发展过程可分成四步，即住房市场泡沫破裂、金融交易亏损、资本短缺以及所谓的"去杠杆化悖论"。他对美国危机导致的储蓄过剩十分担忧，并指出，当前人们对于储蓄的欲望已经超过了投资的需求，其结果将会引发全球衰退。

同时，还有学者以海曼·明斯基的"金融不稳定假说"为理论依据来诠释这场危机。明斯基的"金融不稳定假说"认为经济中保值性融资占主导地位时，经济可以寻求并维持均衡。若投机性或者融资的成分增大，经济中产生偏差放大的可能性就会增加。因此，金融危机的发生在所难免。

本书立足于生产者服务业这一独特视角，从描述美国当今金融业的畸形发展与制造业的日益萎缩入手，运用计量方法实证研究美国实体经济与虚拟经济的分离。在此基础上，分析了2008年美国金融危机所暴露的问题，即美国在大力发展生产者服务业的过程中生产者服务业与制造业的发展出现了分离。也就是说，生产者服务业这一产业形式的发展是将原制造业中具有高附加值、高知识含量的部分从制造业中分离出来后以独立产业的形式存在，以专业化形式经营，并将其中间产品向最终的生产制造业产品转化，从而提升制造业产成品的附加值。

因此，基于美国金融危机的经验、教训，我国在大力发展生产者服务业的同时，对其方向性的把握至关重要。也就是说，我们必须注重将生产者服务业提供的专业化中间产品转移到制造业中去，而不是让其过度地自由发展，以短暂性高收益为目的，从而导致本末倒置，即生产者服务业最终开始脱离制造业这一经济实体，而一味地独立发展。

在此需要强调的一点是，不是说我们不需要发达的服务业，相反，对于现代经济，服务业的进步是一国经济的发展的重要标志。但我们在一心一意发展服务业的同时，必须时刻保持清醒：一国经济的健康向前不是光以发达的服务业为基准的，而是以人民实际生活水平的提高为标准，也就是实际物质财富的极大丰富。发展服务业是以更好、更快地促进实体经济提升为目的的。服务业实际上是一种"人与人之间的游戏"。如果我们结合马克思理论来分析，所谓的实体经济与虚拟经济的关系也可以理解为生产力与生产关系的关系。社会进步是以生产力的发展为标志的，而生产关系是建立在生产力的基础之上，为生产力服务的。良好的生产关系可以促进生产力的发展，而与生产力不相匹配的生产关系将会阻碍生产力的发展。也就是说,一国实体经济的增长是我们的最终目的,而虚拟经济的发展是以促进实体经济进步为目标,单纯地考虑虚拟经济是没有现实意义的。

因此,作为一个正在从制造大国向制造强国转变的第三世界国家,是急需以高知识含量的中间产业——生产者服务业作为链条来连接我国原有传统制造业和高科技制造业这两个阶段,从而实现从制造大国向制造强国的转变。也就是说,在我国产业升级的过程中,我们一定要用好、用巧生产者服务业,尤其注重在产业转型过程中生产者服务业与制造业间的融合,防止虚实经济体背离的情形出现,要紧紧围绕制造业这一实体经济中心,用生产者服务业作为助跑器以促进其更快发展。在这一过程中,我们必须清醒地认识到助跑器是永远代替不了跑步本身的。如果我们能始终正确地把握两者间的关系,那么实现我国经济的成功转型、升级,完成我国从制造大国向制造强国的转变就指日可待了。

目 录

第一章　2008 年美国金融危机的爆发 ⋯⋯⋯⋯⋯⋯⋯⋯⋯⋯⋯⋯ 1

　　第一节　美国金融危机汹涌而至 ⋯⋯⋯⋯⋯⋯⋯⋯⋯⋯⋯⋯⋯ 1
　　第二节　探析美国金融危机爆发的部分原因 ⋯⋯⋯⋯⋯⋯⋯⋯ 4
　　第三节　美国金融业的空前"繁荣" ⋯⋯⋯⋯⋯⋯⋯⋯⋯⋯⋯ 6
　　第四节　美国制造业的窘迫 ⋯⋯⋯⋯⋯⋯⋯⋯⋯⋯⋯⋯⋯⋯ 11
　　第五节　本章小结 ⋯⋯⋯⋯⋯⋯⋯⋯⋯⋯⋯⋯⋯⋯⋯⋯⋯⋯ 19

第二章　美国实体经济、虚拟经济两种不同价值体系 ⋯⋯⋯⋯ 21

　　第一节　美国的虚拟经济发展 ⋯⋯⋯⋯⋯⋯⋯⋯⋯⋯⋯⋯⋯ 21
　　第二节　美国实体经济与虚拟经济的关系研究 ⋯⋯⋯⋯⋯⋯ 26
　　第三节　本章小结 ⋯⋯⋯⋯⋯⋯⋯⋯⋯⋯⋯⋯⋯⋯⋯⋯⋯⋯ 34

第三章　生产者服务业 ⋯⋯⋯⋯⋯⋯⋯⋯⋯⋯⋯⋯⋯⋯⋯⋯⋯ 37

　　第一节　生产者服务业的概念阐述 ⋯⋯⋯⋯⋯⋯⋯⋯⋯⋯⋯ 37
　　第二节　生产者服务业中人力资本的应用 ⋯⋯⋯⋯⋯⋯⋯⋯ 40
　　第三节　生产者服务业规模效应的理论模型分析 ⋯⋯⋯⋯⋯ 47
　　第四节　美国生产者服务业中人力资本作用的发挥 ⋯⋯⋯⋯ 49
　　第五节　本章小结 ⋯⋯⋯⋯⋯⋯⋯⋯⋯⋯⋯⋯⋯⋯⋯⋯⋯⋯ 52

第四章　美国生产者服务业的现状研究及问题发掘 ⋯⋯⋯⋯⋯ 53

　　第一节　美国新经济得益于生产者服务业的发展 ⋯⋯⋯⋯⋯ 53
　　第二节　美国生产者服务业的问题所在 ⋯⋯⋯⋯⋯⋯⋯⋯⋯ 55

第三节　美国生产者服务业与制造业关系研究 …………………… 61
　　第四节　本章小结 ……………………………………………………… 72

第五章　我国生产者服务业的现状研究 ………………………………… 75
　　第一节　我国生产者服务业整体状况分析 …………………………… 75
　　第二节　我国生产者服务业与制造业间的互动关系研究 …………… 84
　　第三节　我国生产者服务业实证分析结果及政策建议 ……………… 91
　　第四节　本章小结 ……………………………………………………… 96

第六章　我国生产者服务业与对外贸易的关联度研究 ………………… 99
　　第一节　国际服务贸易的概念及我国的发展现状 …………………… 99
　　第二节　生产者服务业对国际贸易的贡献度研究 …………………… 104
　　第三节　本章小结 ……………………………………………………… 113

第七章　我国服务业、服务贸易、生产者服务贸易间层进关系现状研究 ………………………………………………… 115
　　第一节　相关概念阐述 ………………………………………………… 115
　　第二节　我国三大产业的比重与就业人员构成 ……………………… 117
　　第三节　服务贸易现状分析 …………………………………………… 122
　　第四节　本章小结 ……………………………………………………… 132

第八章　美国金融危机对上海建设国际金融中心的启示 ……………… 135
　　第一节　历史上的上海金融业 ………………………………………… 137
　　第二节　新时代上海国际金融中心地位的确立 ……………………… 138
　　第三节　上海生产者服务业的发展 …………………………………… 139
　　第四节　上海发展国际金融中心的政策启示 ………………………… 141

参考文献 ……………………………………………………………………… 147

第一章　2008年美国金融危机的爆发

2008年对于美国来说是一个发生严重金融危机的年份，也是一个令世界震惊，为之震动，并深受影响的一年。实际上，自2007年3月一家大型住房次级抵押贷款企业——新世纪金融公司因经营艰难、欠债84亿美元而被迫倒闭时起就揭开了美国次贷危机的序幕，其后产生的多米诺骨牌效应使这场危机迅速蔓延到全球，最直接的原因就源于华尔街金融风暴。

第一节　美国金融危机汹涌而至

华尔街，这个曾是世界精英荟萃的金融中心，如今却遭受到近百年来最惨重的打击。自2007年3月美国新世纪金融公司这一大型住房次级抵押贷款企业宣布破产以来，紧接其后有30多家抵押贷款公司停业，股票价格几乎直线下落。尤其是2008年春季之后的半年间，美国最大的两大住房次级贷款公司——房地美、房利美的破产，最大的跨国贷款保险公司——美国国际集团（AIG），最大的储蓄银行——华盛顿互助银行以及最大的五家投资公司中的三家——美林、雷曼兄弟、贝尔斯登都已先后陷入困境，同时还有120家有问题的银行处于倒闭的边缘。据英格兰银行的估计，全球金融机构因这场危机而遭受的损失将达1.8万亿英镑，约合2.78万亿美元。一场浩浩荡荡的金融危机由此在华尔街蔓延开来。美国经济学家、美联储原主席格林斯潘就曾表示，这是"百年一遇"的世界性金融危机，很有可能引发经济衰退。

一时间，几乎全世界的目光都聚焦华尔街，究竟这场金融风暴缘何而来？其源头其实就是人们所说的美国住房次贷危机。实际上，自20世纪80年代起，美国经济就开始进入了衰退期，过半的商机减少，农产品出口下降，利率上升。为促进经济的尽快复苏，里根时期（1981~1989年）采用降低利率、拉动投资以刺激经济的尽快回暖。同时随着新自由主义的兴起和高新技术的发展，金融领域原有的用于治理 30 年代金融危机中分业经营和金融规制的《格拉斯—斯蒂格尔法案》（Grass-Steagel Law）被《格雷姆—里奇—比利雷法姆金融服务现代法案》（Gramm-Leach-Billey Finacial Services Modernization Act）取代，又一次开创了银行、保险和证券混业经营的局面。

美国房地产是次级贷款的基础资产，直接影响次级贷款的价值。以次级贷款为基础资产，从而形成衍生产品——住房抵押贷款支持证券。在市场利率不断下调的情况下，商业银行推出低息无抵押房贷，这对于梦想拥有房产的美国人来说是一个难以阻挡的诱惑。因为市场的大量需求催生了房产市场的日益见涨。2002~2006年间，美国的住房市场异常火暴，即便是次级抵押贷款证券，也能被信用评级机构确认为"优级"证券而成为金融市场上的抢手货。仅短短四年时间，美国人的住房拥有率就从原有的 64% 提高至 69%，超过 1000 万的家庭在此期间获得了住房，使得美国的住房自有率水平达到发达国家的前列，这在很大程度上得益于当时次级房贷市场的发展壮大。

实际上，美国次贷产品的利率和还款机制复杂得使借款人都难以判断自己的偿还能力，缺乏对自己支付力的合理判断。这些次级贷款衍生产品被多次结构化，进一步形成新的衍生产品。这里的次级债包括次级 MBS、次级 CMO、次级 CDO 以及次级 CDS。所谓的 MBS（Mortgage-Backed Securities）即抵押贷款支持证券，是以住房抵押贷款为标的的资产证券，相比较而言，其平均期限较长，约 27 年。按照担保房地产的不同，包括住宅抵押贷款债券（RMBS）和商业抵押贷款债券（CMBS），其中住宅抵押贷款债券是主体，已经有 30 年历史，占抵押贷款市场份额的 90% 以上。CMO（Collateralized Mortgage Obligations）是抵押担保债券，是 MBS 的衍生产品。CMO 以房屋抵押转手债券为标的资产，利用期限分层技术重组基础资产的现金流，从而创造出不同期限、不同风险档次的证券，以供不同投资者选择。CDO（Collateralized Debt Obligation）即抵押债务债券，产生于 20 世纪 80 年代，是资产证券化市场中最重要的衍生信用工具。与 MBS 相比，CDO 具有发行收益高、投资回报率高、抵押品多样化、流动性差以及风险性高的特点。由于通常在多个国家发起，CDO 面临着更高的货币风险。因 CDO 所具有的高风险和高收益性，被指责为美国次贷危机的罪魁祸首。CDO 又分为现金流 CDO 和合成 CDO。现金流 CDO 是利用委托机构管理贷款事宜。合成 CDO 是指发起银行将贷款转移到特殊目的地机构，利用委托机构管理贷款事宜。合成 CDO 是信用违约互换（Credit Default Swap），也就是所谓的 CDS。CDS 并不真正转移贷款筹集资金，只是转移贷款中的风险。美国次级债中的 MBS 是次级债的基础，而次级CMO、CDO和CDS是在次级MBS的基础上衍生出来的信用工具。华尔街的精英们在充分利用聪明才智创造出如此纷繁、令人眼花瞭乱的金融衍生品的同时，也为美国整个金融系统潜藏了巨大的风险。

次级贷款和衍生品的增长迅速。1994~2006年，美国次贷市场呈现高速发展的态势。房贷市场的总发放额年均增长15%。次级房贷发放额年均增长27%，12年间增长了近20倍，其中2000~2005年次贷发行量增长了3倍。同时，美国政府为进一步促进金融市场的发展，先后制定了《社区再投资法案》(The Community Reinvestment Act)及后续的有关修订法规，意在促使银行机构向中低收入借款人发放贷款；同时，联邦住房委员会为许多首次购房者提供担保，放松了提供住房贷款的条件；美国住房抵押贷款二级市场上的两大巨头——房利美、房地美在优质贷款和次级贷款市场上的低风险部分不断扩张，以实现政府"居者有其屋"的目标。银行体系在此期间也发生了深刻的变化，随着证券化的迅猛发展，房贷业务已经由传统的发放模式转变为更为复杂的发放—分配模式。投资银行通过对房贷的打包证券化大大扩大了房贷的融资来源。

过分放松的金融市场上，信誉评级机构的监管也漏洞百出。金融衍生产品数目繁多错综复杂，信用等级参差不齐，投资者无法完全理解其中复杂的投资组合，就寄希望于评级机构的鉴定上。而美国金融监管当局却将次级房贷债券的评估与监控权完全交与私人债券评级机构。这些私人评级机构在利益的驱使下，为赢得更多客户，纷纷降低了评级标准，以迎合房地产金融机构和投行的要求。由此，这些私人评级机构也参加到共同包装次贷债券的活动中来，产生的"蝴蝶效应"[①]极大地扩充了次贷市场的风险。金融机构纷纷将真正畅销的金融衍生品与这些次贷证券捆绑在一起"打包"并向世界兜售。如此一来，多年积累下的大量金融残次品像海浪般涌向了欧洲、日本的金融市场，以至世界各地。这些复杂并经多重包装的金融产品最后竟不知从哪里来到哪里去，其中所蕴涵的风险与投机成分可想而知。

而随着利率的上升，越来越多在实际上并不具有偿还能力的住户中出现了持续攀高的违约率，最终导致的多米诺骨牌效应使得整个金融体系的资金链断裂。

---

① "蝴蝶效应"是气象学家洛伦兹1963年提出来的。它是指一只南美洲亚马孙河流域热带雨林中的蝴蝶，偶尔扇动几下翅膀，可能在两周后引起美国得克萨斯州的一场龙卷风。此效应说明，事物发展的结果，对初始条件极为敏感。在初始条件产生极小偏差时，结果都会产生极大差异。"蝴蝶效应"用在社会学界说明：一个微小的不良机制，如果不加以及时引导、调节，会给社会带来非常大的危害；一个良好的微小机制，只要正确指引，经过一段时间的努力，也会产生轰动效应。

投行、证券公司以及银行的倒闭使美国无法掩饰地不得不面对这场金融风暴的来临。

第二节 探析美国金融危机爆发的部分原因

面对这场突如其来的美国金融危机，对其原因的分析可谓众说纷纭，复杂多样。本·伯南克（Ben Shalom Bernanke）曾提出全球储蓄过多的观点；索罗斯认为，这次危机标志着美国持续了60年的信贷扩张时代终结，是美国过去30年来自由市场理论主宰经济政策的最终恶果；许多人认为是美国联邦储备委员会原主席格林斯潘维持美国国内的低利率水平而促使美国国内的住房市场出现了畸形繁荣，从而放松了管理引发了这场危机；有学者以海曼·明斯基的"金融不稳定假说"为理论依据认为金融危机的发生在所难免。这些西方经济学家的观点各不相同。我国著名学者成思危认为要寻找此次金融危机的根源还是需要运用马克思主义。

一、后工业经济的概念阐述

随着生产力的进步和社会文明的不断演进，人类社会伴随着三次社会大分工的发展，从远古一路走来，经历了农业社会、工业社会，并正在经历后工业社会的发展阶段。

后工业经济是指一国经济由制造业转向服务业，即服务经济。这是一个"人与人之间的游戏"。如果依据后工业经济生活中的服务、健康、教育、创新和艺术来定义，服务业是指能为每个人提供便利的行业。美国社会学家丹尼尔·贝尔（Daniel Bell）最早于20世纪60年代提出"后工业经济"这一概念，并于1973年出版了《后工业经济社会的到来》（The Coming of Post-Industrial Society）一书。作者在书中提出人类社会发展的三个阶段：前工业社会、工业社会和后工业社会。从工业社会向后工业社会的转变不仅包括部门分配，即人们工作地点的转变，同时还包括人们从事职业的变化。与此同时，贝尔（Bell）认为这个转变过程可分为三个不同阶段。首先，随着工业、交通和公用设施的发展，蓝领劳动力的参与促进了非生产性产业的发展；其次，随着人口与消费的增长，白领职业不断增加，如批发、零售、金融、不动产、保险；最后，自20世纪50年代起人们对食品的消费开始下降，手中的闲置资本不断增加，从而促进了个人投资业的发展。同时对照西方社会后工业经济的特征即大量商业性公司的涌现，大规模地使用机械化激发了劳工与机器之间的冲突，这些都威胁着社会的稳定。所有以上的特征皆来自于后工业经济的转变。也有学者指出后工业社会即信息社会、服务社会、技术社会的概念。在服务社会的转变过程中，从事体力劳动的蓝领工人比例逐渐下降，同时专业化、技能化工作渐渐成为社会的主流。20世纪80年代，阿尔文·托夫勒（Alvin Toffler）提出关于后工业经济的观点并撰书《第三次浪潮》（The Third Wave）成为当时的畅销书籍。斯蒂芬·科恩（Stephen S. Cohen）和约翰·乔斯曼（John Zysman）又撰书《后工业经济之谜》（The Myth of the Post-Industrial Economy）。同时，克利福德·吉尔茨（Clifford Geetz）也提出这种"转型经济"将成为社会科学中的一个长期过程。失去了以人力资本为本质特征的服务经济的促进作用，实体经济很难更快、更好、更有效地提高劳动生产率。卡尔·马克思和亚当·斯密都曾在其著作中提到服务业"非生产性"（non-productive）的观点。

目前大部分发达国家，如日本、德国和美国都拥有发达的服务业，其产值皆超过GDP的50%。自20世纪70年代起，大多数发展中国家也逐步开始由工业经济向后工业经济转变。

二、对后工业时代美国服务经济的质疑

美国麻省理工学院（MIT）工业生产力发展委员会，Michael L. Dertouzos, Richard K. Lester, Robert M. Solow 曾在1989年发表的MIT研究论文中提道："一个国家的人民要生活得好，这个国家就必须有很好的制造业。近年来有许多学者已经发现美国制造业并没有像原本应有的发展水平那样进步或像其他逐渐开始学习制造的国家一样快速提升。如果这种指责是正确的，而且这种趋势没有进一步的改变，那么不久的将来美国人民的生活一定会受到巨大的影响。"MIT早在80年代就已针对美国产业发展的状况提出质疑。1986年年底，马萨诸塞州工业委员会发表了一份"二战"后的工业生产研究报告。这份报告主要介绍了美国的工业发展，包括半导体、计算机、民用飞机、电子产品、钢铁、化工产品、纺织、汽车、机械工具、教育及培训。同时，作者特别研究了美国制造业的发展状况，即技术萎缩、忽视人力资本潜能以及公司合作失败等问题的出现。根据当时美国经济的发展现状，工业委员会已经集中分析了美国制造业的劣势所在。同时作者也特别强调了制造业的重要性，其吸收的就业人数占到"二战"后美国总就业人数的30%

以上。但这个比例目前已经下降到20%以下。依据以上统计数据表明，制造业在美国经济中的地位正在逐步下降，其重要性远低于过去。同时，美国电力研究所（EPRI）发表论著研究美国工业和能源结构变化，并重点论述了美国工业的未来。经济学家和预测家们集中研究了美国过去几十年中工业结构的变化，认为美国经济会从现有的工业化向服务化方向转变（Ahmad Faruqui and John Baroehl，1986）。这种转变被视为国家层面的产业化进程。因为一国的制造业对整个经济循环体的作用要远远大于服务业，而制造业的下降对于产业的影响是巨大的。这不仅会使人们开始怀疑美国制造业的生产能力，同时会损伤外国在美国的制造商及美国在海外市场的利益。美国仅在1980~1984年，工业产值就下降了12%，而服务业的产值增加了31%。这种转变被称做是从高耗能制造业向高科技产业转变，使制造部门在产业链条的弹性体系中失去了功率，同时服务业在产业中逐步加快了发展。David C. Mowery 分析了美国制造业从1980年起的产业调整和变化，他认为这与美国贸易赤字不断增长有直接关系。非农业劳动生产率自90年代起开始增长，但增长比率低于1945~1980年的数值。美国制造业的发展在过去50年里使1000万人口脱贫，对国家的经济发展以及世界的政治稳定都产生了深远的影响。而目前美国制造业的一路走低使其面临着巨大挑战和争议。总体而言，GDP的增长包括经济增长供给成分的累计数。当劳动力、资本和劳动生产率不断积累时就会促成GDP数值的更快增长（Norman Frumkin，2004）。截至2001年，美国制造业在GDP中所占的比例仅为14%，与1950年27%的比例相比，几乎下降了一半。虽然，14%的比例相对较低，但制造业对经济的推动作用是直接的。因为制造业需要从其他部门直接购买产品进行加工，并带动农业、采掘业、水电业、交通业、批发零售业、通信业、金融业、保险业、修理业以及其他服务业的连带发展和经济的往复循环。同时，制造业也是构建基础设施和经济结构的主要组成部分，这些投资会进一步促进机械、货运、建筑业的发展及就业增长。因此，分析家们认为一国制造业的健康发展是维持本国经济长期增长的重要源泉（Norman Frumkin，2004）。而美国20年来制造业的逐步萎缩正在侵蚀美国制造的基础，并会进一步不利于未来经济的增长。

第三节 美国金融业的空前"繁荣"

2008年美国金融风暴降至，令世界为之震惊。透过来势汹汹的危机，我们不得不对曾经令世人钦慕不已的美国金融业做深入分析。

美国金融业最初产生于英国殖民时期。在美国金融史上，19世纪的1812年发生过借贷战争，美国发生了大萧条，并引发了大面积的经济衰退，其主要原因是金融体系的信誉缺失。金融体系信誉的缺失在一定程度上由金融、证券和银行业三业混合经营造成的，即金融监管中规制的缺失。以史为鉴，依据20世纪30年代美国金融危机的经验与教训来分析当下由美国次贷危机引发的全球金融危机。我们会发现两者的相似之处。20世纪80年代，美国倡导大规模地将生产制造业转移到劳动力廉价、生产成本低的发展中国家进行生产，以追求丰厚的经济收益，而将国内的发展重点集中在服务业上，尤其是金融业的发展。为营造一个更加宽松、自由的发展环境，美国政府废除了金融领域原来用于治理30年代金融危机中分业经营和金融规制的《格拉斯—斯蒂格尔法案》（Grass-Steagel Law），取而代之的是《格雷姆—里奇—比利雷法姆金融服务现代法案》（Gramm-Leach-Billey Finanlial Serrices Modernization Act），又一次开创了银行、保险和证券混业经营的局面。这也从一个侧面反映出在实体经济不景气的情形下，美国政府更倾向于盈利快、收益大的金融产业的迅猛发展。若要分析其中的缘由，我们还是应该从美国当前的金融业发展状况入手。

一、美国金融业的发展状况

美国金融业最早起家于17世纪殖民地时期，已具有几百年的发展历程。金融业在此次金融危机爆发之前在美国国内已经发展成为一个拥有绝对优势的重点产业。2001年美国服务业的产值就已经占到GDP的71.4%，而金融成为其中权重最大的产业，自2002年以来仅此两项在GDP中所占比重就始终高达20%，成为美国产业结构中最大的赢家。美国金融业的快速发展，成为自信息经济快速发展之后促进国内经济增长的引擎。尤其是21世纪初，美国金融业对GDP的贡献率[①]在2005年和2006年分别达到0.85和0.83的高水平，说明在新世纪里当美国还没有出现下一轮大规模的技术创新时，GDP的增长更多开始依靠服务业中金融产业的迅猛发展（见表1—1）。

---

① 所谓贡献率是用来分析经济效益的一个重要指标。它是指有效或有用成果数量与资源消耗及占用量之比，即产出量与投入量之比，是用来衡量一个产业重要性的关键指标。

表1—1 美国服务业、金融业在GDP中所占比重及贡献度

年份	产值（10亿美元）	服务业占GDP比重（%）	金融业占GDP比重（%）	金融业占服务业的比重（%）	金融业对GDP贡献度（%）
1970	152.0	0.6642	0.1464	0.2204	0.37
1975	248.2	0.6739	0.1515	0.2248	0.72
1980	442.4	0.6772	0.1586	0.2342	0.70
1985	729.7	0.7117	0.1729	0.2429	0.43
1990	1042.1	0.7380	0.1796	0.2433	0.39
1991	1103.6	0.7489	0.1841	0.2458	0.29
1992	1177.4	0.7542	0.1858	0.2463	0.46
1993	1241.5	0.7568	0.1865	0.2464	0.51
1994	1297.8	0.7529	0.1835	0.2437	0.38
1995	1383.0	0.7549	0.1869	0.2476	0.52
1996	1470.7	0.7562	0.1881	0.2488	0.50
1997	1593.3	0.7591	0.1919	0.2528	0.89
1998	1684.6	0.7626	0.1926	0.2525	0.76
1999	1798.4	0.7686	0.1940	0.2524	1.02
2000	1931.0	0.7686	0.1967	0.2559	1.02
2001	2059.2	0.7798	0.2033	0.2607	0.76
2002	2141.9	0.7856	0.2045	0.2604	0.19
2003	2244.6	0.7871	0.2047	0.2602	0.49
2004	2378.8	0.7842	0.2035	0.2595	0.60
2005	2527.9	0.7840	0.2035	0.2596	0.85
2006	2685.8	0.7814	0.2038	0.2608	0.83
2007	2811.2	0.7861	0.2036	0.2590	0.41

数据来源：U.S. Bureau of Economic Analysis (BEA) 及笔者计算得来。

从表1—1中可以看出，1970年，进入后工业经济时代的美国服务业在国民生产总值中就已占有过半的比重。2007年，美国服务业占GDP的比重达到78.61%。1970年，美国金融业的产值就已达到1520亿美元，到2007年这一

数值激增至 26858 亿美元，达到 1970 年的 18.49 倍。金融业在 GDP 中所占比重也由 1970 年的 14.64% 提升到 2007 年的 20.36%。也就是说，服务业的发展成为直接影响美国国内经济兴衰的支柱性产业，而金融业又是服务业中权重最大的行业。这也是美国金融危机的爆发会进一步引发经济危机乃至经济衰退的原因之一。

二、美国金融业的畸形膨胀

步入后工业经济的美国，服务业已经占据了国内绝对的市场份额。加之美国政府的政策不断倾斜，创造价值快、利润丰厚的金融业更是受到加倍呵护。美国金融机构近 40 年的大力发展，将这一产业塑造成为世界典范，华尔街已经成为世人心中的金融圣地。但即便是这样一个被赞誉不绝的产业，也同样会因为畸形发展而产生意外，以致引发金融危机。

金融业作为美国国民经济中的服务产业，原本是应该为第一、第二产业提供支持和服务的。随着美国政府 20 世纪 80 年代时放松监管，大力发展金融业，使其以迅猛的发展速度远远超过了美国国内的其他行业，成为一枝独秀。金融业带来的巨大财富快速提升了美国的社会福利，并长期保持着低储蓄、高消费、低利率、低通胀的良好局面。如此的财富极大地激发了美国金融业的创新"热情"，那些复杂得甚至无法识别风险的金融衍生品层出不穷。而风险的分期化和转移链条的无限延长使金融产品存在诸多的信息不对称。贪婪心态，使人们忘记了金融业的服务角色，仿佛只要发展金融就可以永无止境地获得超额利润，于是金融机构的规模进一步膨胀。然而，背离服务本位的金融业终归会通过危机来实现其地位回归。投资者不清楚金融产品如何构成，也不清楚结构如何，他们越来越多地信赖评级机构的评估结果。殊不知，这些评级机构因政府将其权限向私人机构开放，为迎合投行、证券公司、银行等金融机构的需要，评级结构一同参与到这场风险巨大、收益颇丰的游戏中来，而最终将这一危险游戏越演越烈，直到危机来临。

实际上，美国金融机构身处这一体系中时很清楚其中所包含的风险。但它们更多的是在幻想这些高风险的交易可以由其他机构承担，而将利润收入自己囊中。由于金融实体大多数属于表外项目，且经常进行全球性的离岸操作，监管机构对金融实体的经营状况往往存在所谓的信息不对称，使得缺乏合作的各国政府缺乏监管力度。这一机制的存在更进一步刺激了美国金融业的超常扩张。在这场充满风险、充溢利益的金融游戏中，越来越多的人想要参与进来，更多的人想从中分得更多的财富。在马克思《资本论》第二十四章"所谓原始积累"第七节的注释中，有这样一段话："《季刊评论员》说，资本会逃避动乱和纷争，是胆怯的。这当然是真的，却不是全面的真理。像自然据说惧怕真空一样，资本惧怕没有利润或利润过于微小的情况。一有适当的利润，资本就会非常胆壮起来。只要有10%的利润，它就会到处被人使用；有20%，就会活泼起来；有50%，就会引起积极的冒险；有100%，就会使人不顾一切法律；有300%，就会使人不怕犯罪，甚至不怕绞首的危险。"[1]

在美国金融利润分配的过程中，"Animal Spirit"[2]使人们近似疯狂地瓜分财富，道德风险随之增长。许多金融机构的高管人员因为创造和经营结构化金融产品，同时大量使用杠杆化操作，所获得的利润甚至达到原来的几十倍。经理层薪酬更多确定的是高管追逐高风险收益的意图，而没有要求制定承担相应风险带来损失的惩罚机制。在这种薪酬激励机制作用下的员工仅参与股票期权的分红，而不承担损失，使得这一高风险投资更具吸引力。也正是因为这种薪酬机制鼓励了金融机构的高管所进行的高风险投资，使他们在明知次贷潜藏巨大风险的情况下仍然乐此不疲。在各大金融机构互相兼并和混业经营的今天，许多金融机构已经到了太大而不可以倒下的地步。在这种情况下，金融机构制造了巨大的系统风险，而损失却是由全社会来承担。

在这场金融危机酝酿过程之中，中间商、提供次贷的机构、发行与经营次贷证券化产品的机构、评级机构以及基金经理的激励惊人的一致。只要有人愿意购买金融衍生品，没有人在乎其中的风险，而只关心交易额的大小和利润的多少。

---

[1] 摘自邓宁格：《工会与罢工》，第36页（见《资本论》第一卷，第839页，人民出版社1958年版）。

[2] 凯恩斯在其《通论》里提出的另外一个概念——"动物性精神"（Animal Spirits）。动物性精神表达的是一种人性和情绪的波动，当经济处于高涨时期，动物性精神是正面的，人们都相信对方不会违约、相信扩大产能和利润不断涌入，甚至动物性精神会因为太正面而变得过于"盲目"和"轻信"，进而演化成泡沫诞生的心理学动力。经济学家阿克罗夫（以及希勒）最新著作《动物性精神》就是讨论大衰退期间的心理学变动。阿克罗夫将"动物性精神"分成五类，分别是"公平"、"腐败和机会主义"、"信任崩溃"、"货币幻觉"以及"文化"。

这个失去理智的场面完全体现了"羊群效应"①。在这个畸形的金融市场上，即使存在个别有职业道德者来追究这些结构复杂金融衍生品的真正风险，也会因为"劣币驱逐良币"②的法则被市场淘汰。在21世纪最初几年的次贷市场上，金融业的跟进者赚得了高额利润，谨慎者却迅速被竞争对手挤出市场而遭淘汰。

在这场轰轰烈烈的淘金潮中，美国政府的金融监管存在严重不足。全球化金融机构的离岸操作大量激增。原有的一国金融机构关起门来搞监控的方法已经不能适应跨国境的业务操作与融通，由此，美国金融业的畸形发展模式便迅速地向世界扩散。

《格拉斯—斯蒂格尔法案》被《格雷姆—里奇—比利雷法姆金融服务现代法案》取代，使美国金融机构合并和混业经营成为可能。2008年，美国银行兼并全美第三大投资银行美林之后经营艰难的事例，说明了混业经营下的商业兼并会因为资产结构的问题而增加金融机构的负担。

因此，美国在金融创新中，因为信息不对称和激励机制的扭曲使这座曾经巍然屹立的全球金融中心岌岌可危了。

第四节　美国制造业的窘迫

进入21世纪后的美国，在大力发展金融产业的同时，似乎渐渐开始遗忘制造业——这个曾经带给美国不朽辉煌的传统产业，从美国制造业的日渐下滑中我们就可见一斑。作为世界最发达的国家之一，美国经历了20世纪六七十年代制造业的腾飞，自80年代开始就逐步走下坡路，尤其自2000年后的美国制造业越发显露出衰落的迹象。

---

① 经济学里经常用"羊群效应"来描述经济个体的从众"跟风"心理。羊群是一种很散乱的组织，平时在一起也是盲目地左冲右撞，但一旦有一只头羊动起来，其他的羊也会不假思索地一哄而上，全然不顾前面可能有狼或者不远处有更好的草。因此，"羊群效应"就是比喻人都有一种从众心理，从众心理很容易导致盲从，而盲从往往会陷入骗局或遭到失败。"羊群效应"一般出现在一个竞争非常激烈的行业中，而且这个行业中有一个领先者（领头羊）吸引了主要的注意力，那么整个羊群就会不断模仿这个领头羊的一举一动，领头羊到哪里去淘金，其他的羊也去哪里淘金。

② "劣币驱逐良币"是经济学中的一个著名定律。该定律是这样一种历史现象的归纳：在铸币时代，当那些低于法定重量或者成色的铸币——"劣币"进入流通领域之后，人们就倾向于将那些足值货币——"良币"收藏起来。最后，"良币"将被驱逐，市场上流通的就只剩下"劣币"了。当事人的信息不对称是"劣币驱逐良币"现象存在的基础。因为如果交易双方对货币的成色或者真伪都十分了解，"劣币"持有者就很难将手中的"劣币"用出去，或者，即使能够用出去也只能按照"劣币"的"实际"价值而非"法定"价值与对方进行交易。

美国最初是以农业为主向工业化逐渐演变的。基于原大英帝国的工业基础，历经内战，独立后的美国利用第一次工业革命的成果开始在全国范围内发展棉纺织业。之后伴随第二次工业革命的来临，开始大力发展钢铁、化工、石油提炼以及电子产业。美国自第二次世界大战后的最初20年被誉为是汽车工业的"黄金年代"，当时美国主导了世界汽车工业。底特律的汽车生产力以年均5%的比率增长，高于同期其他产业的增长速度。然而，自1965年后，美国汽车业的生产率开始减慢并低于制造业的平均水平。晶体管、半导体设备的发明将美国带入一个崭新的时代。其中，IBM、Intel、Apple、Xerox等成为美国乃至世界信息产业的领导者（Michael L. Dertouzos, Richard K. Lester, Robert M. Solow and the MIT Commission on Industrial Productivity, 1989）。之后，美国进一步开创了计算机业的繁荣。在早期，世界绝大部分的计算机由美国生产、组装。计算机作为美国的一个新兴产业极大地推动了美国经济的发展。20世纪90年代是美国发展IT创新的黄金时期。自1991年起，美国劳动力的累积不断增长，同时引发IT产业的进一步创新。根据统计数据分析的结果，在1990年年末时，IT产业的创新超过美国生产力累积的一半以上。IT产业通过增加总生产力因素从而推动劳动生产率增加。英国J. D. Bernal 就曾在他的著作《科技的社会效应》中提到"科学和技术的变革"这一术语并声明这种科技会成为一种"生产力"[①]。信息革命的主要特征是信息的诞生，这是多种科学的交融，包括数据和知识构成的信息。计算机、互联网的引入大大促进了生产力的提高，这使美国真正尝到了信息技术的甜头。Fritz Matchup 曾在《美国知识的生产和分配》（1962）[②]中写道："美国知识工业可占GDP的29%。"信息革命催生的信息经济与农业革命、工业革命结合起来，可促进其共同发展。这对于善于创新的美国来说，在信息时代可谓大放光芒。创新技术的跨部门流动促进了工业的整体发展（David. C. Mowery, 1986）。随着IT产业系列产品的价格下降，产品逐渐进入生命周期中的衰退期。但新一轮、更大规模的技术创新迟迟未出现。

下面将基于美国制造业的代表性产业——航空业、汽车工业、化工产业、钢铁业、电子计算机业、半导体业的发展状况来分析美国制造业的现状。

[①] 英国J. D. Bernal (1932) 在他的著作《科技的社会效应》中引入"科学与技术变革"。目的是描述在社会中科学与技术扮演的新角色。他声称科学正在变成一种"生产力"。

[②] Fritz Machlup (1962) 曾在他的著作《美国知识的生产和分配》中提到"美国的GDP中有29%是知识工业贡献的"。同时他将这一现象看做是信息时代的开始，并定义知识是一种商品同时尝试着测量其在现代经济的生产和销售中的作用。同时他还将信息分为五种类型：实践知识、治理知识、历史知识、精神知识、宗教知识。

为便于测度不同产业的发展情况,在此使用劳动生产率这一指标来衡量美国六大制造产业的经营。劳动生产率是指每个劳动者在单位时间内所生产出来的产品数量,用来代表生产商品和服务的效率。通常采用增加用于投入生产的劳动力和资本的数量或增加劳动力与资本再生产产出过程中的效率来提高劳动生产率,如通过提升技术、设备、教育、技能、管理、专利、公共设施(包括道路、机场、排污和其他因素)等来达到。对于一个国家来说,提高生产率是人民生活水平提升和国家繁荣富强的根本所在。

一、美国航空业的赤字经营

美国航空业是在政府扶持下,由军用飞机制造开始,之后才逐步转型为民用飞机制造。自第二次世界大战以来,生产商开始有能力设计和生产商务飞机并将2~3架军用机模型改装成民用机。波音商务飞机制造公司于1957年最早成功引进波音707,很快又发展了另外两种机型——波音727和波音737,成为当时航空业的领军者。但之后法国等国生产的空客(A300、A310、A320)迅速追赶波音的先进技术。依据近年来美国航空业的发展指数,美国制造业领军者的经营状况却呈下降趋势。美国航空业自1999年达到一个增长高峰后便开始直线下滑,2000年起就一直维持赤字经营。

航空业是美国的支柱性制造产业。通常,1000~1999英里之内的旅程有42%的乘客选择乘坐飞机,2000英里以上有75%的旅客乘坐飞机。也就是说,在美国,乘坐飞机出行是人们首选的便捷方式,其适用性很广。但进入21世纪后,美国航空业开始呈现不良经营的局面,并有逐年扩大的态势。2002年美国航空业亏损74亿美元,2003年这一赤字达到53亿美元。图1-1为1973~2001年美国航空业劳动生产率变化趋势图。其中,横坐标表示年份,纵坐标表示劳动生产率(人均每小时产出)年变化百分率。

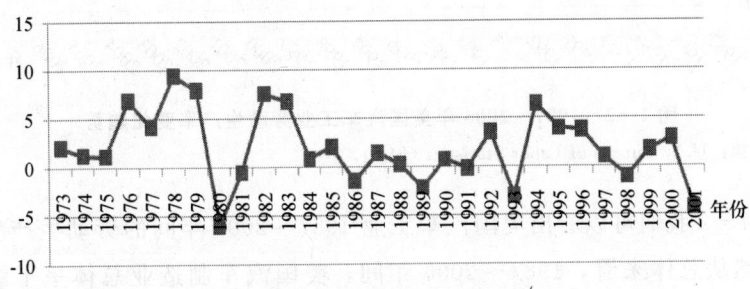

图1-1　1973~2001年美国航空业劳动生产率变化趋势

数据来源:U. S. Bureau of Labor Statistics (BLS)。

从图1—1我们可以看出,美国航空业的劳动生产率指数总体呈不断下降趋势,作为美国支柱性产业的航空业也不得不面临连年的赤字。

二、美国汽车工业如履薄冰

大规模的汽车生产也是最先兴起于美国。美国是20世纪四五十年代世界最大的汽车生产国。基于汽车制造业在一国第二产业中的重要作用,汽车业成为产业链条中下游生产商的带动者,如钢铁、铝、橡胶以及机械工具。因此,汽车制造业的发展必然会带动众多相关联产业的共同进步。但随着汽车工业生产效率的下降,进口成分也从1955年少于1%增加到1987年的31%以上。自1967年以来的20年中,美国汽车工业经历了从汽车出口盈余到进口赤字600亿美元的巨大变化,成为美国最大的单项贸易赤字产业。由此,汽车联合会和汽车工业的管理水平也遭到了质疑。日益上升的工资和下降的技术使汽车业生产率无法弥补两者之间的差距,技术革新的滞后致使问题进一步复杂化。而与之相比较,日本汽车业的飞速发展更使美国相形见绌。日本汽车业凭借灵活的管理和高技术创新,仅用7.5年的时间就完成了从初级生产管理到高技术、高质量的升级改造。相比而言,美国却花费了13~15年的时间才完成汽车产业的升级(见图1—2)。其中,横坐标表示年份,纵坐标表示劳动生产率(人均每小时产出)年变化百分率。

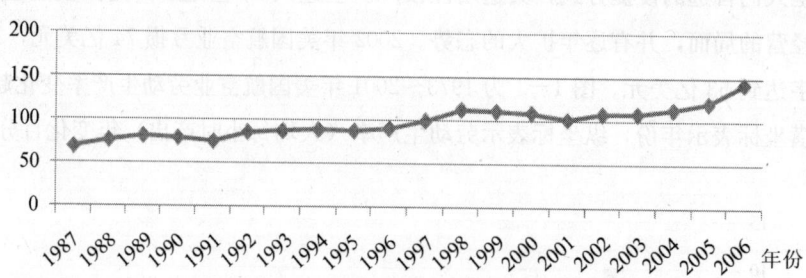

图1—2　1987~2006年美国汽车工业劳动生产率变化趋势

数据来源:U.S. Bureau of Labor Statistics (BLS)。

从图1—2我们可以看出美国汽车工业1987~2006年间的劳动生产率的变化趋势。虽然从总体来看,1987~2006年间,美国汽车制造业总体呈平缓上开态势,说明汽车工业的进步是存在的。但我们不能在全球化的环境下孤立地看美国一国的汽车业进步。换言之,美国作为全球汽车行业原领军者与同时代其他国家做横向比照后却显现出其汽车制造业进步的微不足道。尤其是日本、德国汽车工业的迅速崛起已成为美国汽车业激烈、强劲的竞争对手（见表1-2）。

表1-2　1970~1982年日本、美国、德国汽车业生产1台汽车的总劳动时数

单位：小时

年份 所耗时间 国别	1970	1971	1972	1973	1974	1975	1976	1977	1978	1980	1981	1982
日本	250	225	220	206	200	199	173	160	153	153	142	142
美国	207	173	178	178	192	188	173	172	177	185	205	217
德国	—	—	—	—	—	—	—	192	195	196	205	198

资料来源：中村英夫等译：《汽车的未来》，日本广播出版协会1984年，第210页。

从表1-2的数据来看，20世纪70年代时，日本汽车业的劳动生产率与美国相比，1975年之前美国汽车业尚具有比较优势，但1977年之后，美国汽车业的劳动生产率逐步开始落后于日本，甚至1982年时，美国汽车业的劳动生产率开始低于德国。美国汽车业在发展，但进步的速率慢于日本、德国同期的发展速率。20世纪70年代末80年代初起，美国汽车制造业在世界汽车产业中的份额不仅没有增加，反而在锐减。尤其是进入21世纪以来，GM和FORD都出现了大量不良资产的记录。2006年福特在底特律的生产线就减少了21%的产量，使其产值成为自1981年以来最低的一年。公司CEO比尔·福特认为做减产的决定会影响雇员和供应商，但这是不得已的事情。2007年上半年福特继续减产12%左右。当前美国通用的境况已经如履薄冰。美国通用作为原世界最大的汽车生产商，最初创建于1908年，在世界34个国家拥有分支机构，是世界知名的汽车生产大亨，其雇员达到252000人，产品遍布世界140个国家和地区，而目前这个汽车巨人却入不敷出，2007年通用汽车亏损387亿美元，2008年赤字达309亿美元。拥有101年经营历史的通用最终于2009年6月正式宣布申请破产保护。

三、美国化工产业经营也不尽如人意

起先，美国的化工产业被认为是最成功的美国制造业。这个产业曾引领了世界潮流，拥有世界最先进的生产技术和高水平的研发能力，年营业额在5000亿美元左右，并享有美国年出口10%的份额。但自20世纪80年代起，受世界市场激

烈竞争的影响，美国大多数化工企业开始减产，大约有1/4的企业被外国公司收购，其劳动生产率呈下降趋势（见图1-3）。其中，横坐标表示年份，纵坐标表示劳动生产率（人均每小时产出）年变化百分率。

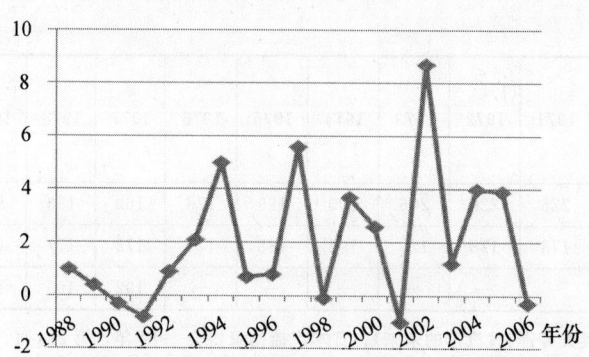

图1-3　1988~2006年美国化工产业劳动生产率变化趋势
数据来源：U. S. Bureau of Labor Statistics (BLS)。

总体而言，美国化工产业的下滑趋势不甚明显。但1988~2006年，该产业的平均劳动生产率增长除2002年有一个较大幅度的增加外，总体仍然处于平缓下滑趋势。

四、美国钢铁业的经营状况

钢铁作为重型工业的基石，被许多国家认为是关系一国工业安全的核心产业。美国曾是世界最大、最现代、最高效的钢铁生产国。但1975~1985年，美国钢铁工业也经受了生产效率的下降和市场需求的减小，甚至出现了负盈利。第二次世界大战后，美国钢铁业研发能力的减弱和管理能力的弱化使其逐渐失去了在世界钢铁业中的领先地位。同时伴随着产业链条下游的美国汽车工业的衰退，钢铁业的国内需求减小，从而加速了其下滑的趋势。图1-4说明了美国钢铁业劳动生产率的变化趋势。其中，横坐标表示年份，纵坐标表示劳动生产率（人均每小时产出）年变化百分率。

从图1-4我们可以看到，进入21世纪后，美国钢铁业打破过去平稳的发展势头，从2001年开始出现大起大落。自2004年起，钢铁业生产开始出现较大幅度下滑，这与美国国内大量的制造业外移和不景气有很强的正相关性。

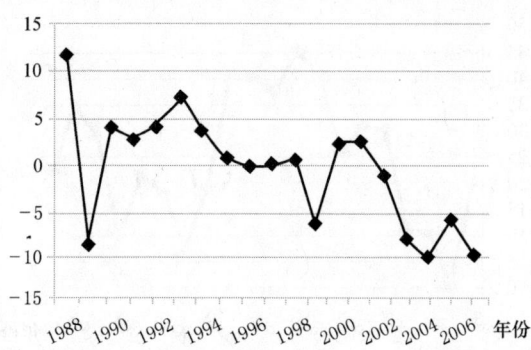

图 1—4　1988～2006 年美国钢铁业劳动生产率变化趋势
数据来源：U. S. Bureau of Labor Statistics (BLS)。

五、美国电子计算机业的现状

　　美国企业作为历史上最成功的电子产品生产商，拥有绝对的技术研发优势。1945 年全美销售的收音机中有 96% 是由美国本土企业生产的。但截止到 1965 年时，这一比例下降到 30%，截止到 1975 年时几乎为零。在录像机的生产中，美国企业依靠自身原有的专利和灵活的市场应变能力，尚拥有世界市场的一席之地。但因缺少工程和技术创新，仍面临着巨大的市场挑战。同时美国作为世界上第一个拥有计算机的国家，率先品尝到了信息技术给本土带来的丰厚利润和成果。1977 年美国仅计算机单项出口额就达到 32 亿美元。仅 IBM 就拥有这个产业在世界市场上 40% 的份额，可谓一枝独秀。作为美国工业产品出口的大项，计算机始终拥有贸易顺差的优势，但顺差数额却在连年减少。1981 年美国出口计算机盈余 70 亿美元，1987 年仅为 30 亿美元。2007 年美国出口计算机及附件共 294 亿美元，虽然总额增大，但与 2006 年同期相比却下降了 18.7%（见图 1—5）。其中，横坐标表示年份，纵坐标表示劳动生产率（人均每小时产出）年变化百分率。

六、美国半导体业的现状

　　微电子的发明与生产同样也最先产生于美国。晶体管、半导体集成电路、大小计算机都由美国人最早发明。同时，一批世界顶尖的半导体生产企业也最先起源于美国，如 IBM、Intel、Apple、Xerox、Digital Equipment 等一度成为美国当时最领先的企业。然而，好景不长，美国在这一领域的市场份额却在急速下滑。美国微电子的生产量在不到十年的时间里就快速从 60% 的市场份额下降到 40%。

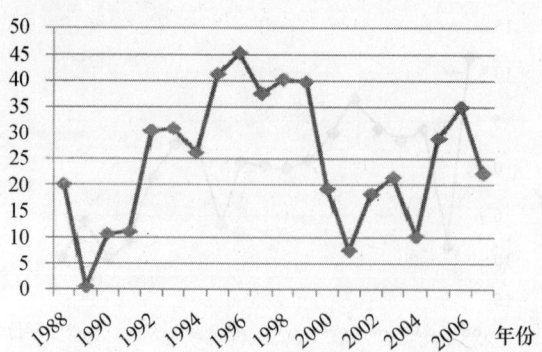

图 1-5　1998~2007 年美国电子和计算机制造业劳动生产率变化趋势

数据来源：U.S. Bureau of Labor Statistics (BLS)。

与此同时，日本企业却占领了更大比例的微电子市场领域。激烈的市场竞争使美国公司被迫出售部分专利和先进技术。虽然今天微电子产品仍然是美国出口制造产品中比重最大、最重要的部分：2007 年全美微电子出口占美国总出口额的 4.3%，共 80.2 亿美元，但与 2006 年同期相比下降了 8.2%。图 1-6 中描述了 1988~2006 年美国半导体及相关设备的劳动生产率趋势。其中，横坐标表示年份，纵坐标表示劳动生产率（人均每小时产出）年变化百分率。

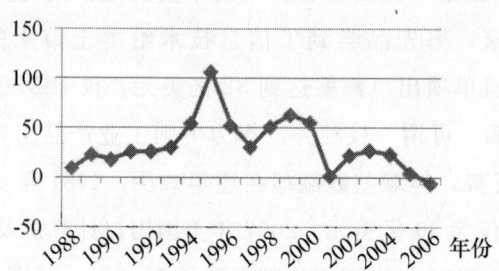

图 1-6　1988~2006 年美国电子和计算机制造业劳动生产率变化趋势

数据来源：U.S. Bureau of Labor Statistics (BLS)。

从图 1-6 中我们可以很明显地看出，原本是美国创新性的半导体制造业也于 1994 年达到一个产出巅峰后就开始一路下滑，甚至 2006 年出现了劳动生产率的负增长。

无可厚非，从以上对美国主要制造业的分析和计算结果来看，我们会发现一个相似的趋势，即进入 21 世纪后，美国制造业总体呈下降趋势，几乎所有的美国制造业不同程度地都出现了衰退。虽然 2007 年美国制造业的生产总额仍以 16168

亿美元位列世界第一，但若我们仔细地对其中的各个产业进行分析和对比后就会发现其中存在的问题。据美国劳工部的数据显示，截止到2008年，全美从事制造业的雇员占总体员工的人数也在不断下降，目前仅占全体雇员的17％。若与40年前相比，已有300万制造业员工失业。同时制造业占GDP的比例也从1950年的25％下降到2008年的11％。与美国国内的情形相反，美国在海外投资的制造业却超过本土投资的1000亿美元。美国逐渐形成制造业的海外转移，从而造成国内制造的"空心"化。

第五节　本章小结

美国作为世界头号超级大国，在原有发达制造业的基础上，不断发展、创造出各类多样的金融衍生品，试图改变美国信息时代泡沫破灭后经济不景气的状况。但一时过于宽松的金融环境使更多的人开始专注于金融业的发展。这一产业虽然具有高风险，但诱人的高利润仍然吸引了许多世界精英的介入，华尔街一直以来就被人们视为世界的金融圣地，因为这里聚集了全世界最优秀的金融人才，他们在尽情地发挥自己的聪明才智。但他们在分享发达金融业带来得丰厚利润的同时，却忽略了其背后的高风险。每个人都想从这场游戏中得到更多好处，却很少有人来关注游戏背后潜藏的危机。当越来越多低收入、实际无力购房的人群无法还贷，甚至违约时，这场过于荒唐的游戏被揭开了面纱，人们不得不面对美国金融大厦的坍塌。

本章描述了美国金融危机发生时，金融系统的无序与混乱，从而引出对美国畸形金融业的进一步分析。美国金融业在GDP中就占有超过20％的权重，成为美国单一产业最大的赢家。这也足见美国金融业的强大地位，与之相反的是美国制造业的衰落。本章从航空业、汽车工业、化工产业、钢铁产业、电子计算机业、半导体业六大产业入手分析，尤其进入21世纪后，美国制造的萎缩状况变本加厉，这种下行趋势使美国制造业面临着困境。

第二章 美国实体经济、虚拟经济两种不同价值体系

在上一章中,我们从令世界震惊的美国金融危机入手,分析了当前美国经济存在的金融业过度膨胀和制造业的日渐衰落,以及原本在20世纪80年代就已由许多学者所提出的对美国制造的质疑。在本章中,基于如此的疑虑,我们进一步用实证方法来分析美国以金融业代表的虚拟经济和以制造业为代表的实体经济之间的关系,以便于在下文中进行深入研究。

第一节 美国的虚拟经济发展

在我们所熟知的社会生活中,首先接触到的是实物资产,如公路、桥梁、建筑物、重型机械等。实物资产的生产开始于公元前6000年,而金融业的出现可追溯到2000多年前。著名金融比较学家雷蒙德·W. 戈德史密斯[①] (Raymond W. Goldsmith) 在他的《金融结构与金融发展》一书中就已提出实体经济在高度发达的基础上逐步派生出虚拟经济的观点。所谓实体经济就是指用于描述物质生产、销售以及直接为此提供劳务所形成的经济活动的概念。它包括农业、工业、交通运输业、商业、建筑业、邮电业等产业部门。所谓虚拟经济即虚拟资本以金融系统为主要依托的循环运动的经济活动,简单地说就是直接以钱生钱的活动(成思危,2003)。虚拟经济是一个涵盖金融业的概念,包括资本市场、货币市场和外汇市场等。如果作一个比喻,可以认为虚拟经济的产品是各种金融工具,虚拟经济的工厂是各种金融机构,虚拟经济的交换场所是各种金融市场(成思危,2005)。

---

① 雷蒙德·W. 戈德史密斯在《金融结构与金融发展》一书中采用比较研究方法,资料翔实,定性分析与定量分析紧密结合。这不仅是对比较金融学的一次成功尝试,更重要的是作者在书中采用比较金融问题的研究方法。这种方法对传统金融学是一次质的突破,并被后来的学者广泛接受和采用。

一、虚拟经济的相关概念

研究虚拟经济是一个近年来出现的新名词,其含义可从三个方面来理解:一指证券、期货、期权等虚拟资本的交易活动;二指以信息技术为工具所进行的经济活动;三指用计算机模拟的可视化经济活动。这三种范畴之间存在着一定的联系。在此主要指第一种含义,因此可狭义地理解虚拟经济即金融业。马克思在《资本论》第三卷第十七章"商业资本"中分析道:商业资本的运作是将商品资本投入到流通环节中,通过 $M-C-M'$ 的资本演化形式进行运作。他认为商品资本最终可转化为货币是因为生产商可以从代理人那里借到货币并将其投入到生产环节中去,利用劳动力的生产过程实现价值增值;同时代理人必须是独立法人,他可以将自己的货币以资金产品的形式借贷给生产商,由生产商组织完成产品的生产过程,实现生产中凝结劳动价值的增值产品,再出售商品后连本带息地归还代理人的货币资产,从而实现代理人资本的价值增值,完成 $M-C-M'$ 资本增值过程。马克思认为因为商业资本的介入使得生产资本的利润递减,更多的价值增值部分被转移到商业资本的循环流通过程中去,商业资本的运作利润是远远大于实际制造业的[①]。用钱生钱可以完成资本的更快积累。

虚拟经济中一个核心的概念是虚拟资本,即收入的资本化。虚拟资本最早是由马克思提出的。他在《资本论》第三卷第五篇第二十五章中对虚拟资本进行了详细的分析。主要内容可归纳为:虚拟资本是在借贷资本(生息资本)和银行信用制度的基础上产生的,其中包括股票、债券、不动产抵押单等;虚拟资本本身并没有价值,只是通过循环运动产生利润,获取剩余价值。马克思认为虚拟资本本身并不产生价值,但可通过向实体经济融资,从而加快真正创造价值的流通速度,以达到扩大实体经济价值增值的目的。虚拟经济本身只能促进财富的转移但不能创造财富。

---

① 马克思在《资本论》第三卷第十七章中讲道:"产业资本家的利润等于商品的生产价格超过它的成本价格的余额,和这种产业利润不同,商业利润等于商品的出售价格超过它的生产价格的余额;这个生产价格对商人来说就是商品的购买价格;但是,商品的实际价格=商品的生产价格+商业利润。正像产业资本之所以能实现利润,只是因为利润作为剩余价值已经包含在商品的价值中一样,商业资本之所以能实现利润,只是因为产业资本在商品的价格中实现的并非全部的剩余价值或利润。因此,商人的出售价格之所以高于购买价格,并不是因为出售价格高于总价值,而是因为购买价格低于总价值。可见,商人资本虽然不参加剩余价值的生产,但参加剩余价值到平均利润的平均化。因此,一般利润率已经意味着从剩余价值中扣除了属于商人资本的部分,也就是说,对产业资本的利润作了一种扣除。根据以上所说可以得出如下结论:同产业资本相比,商人资本越大,产业利润率就越小。"

虚拟经济通常有五个发展阶段：第一个阶段是闲置货币的资本化，也就是将人们手中的闲置货币转化成利息资本。第二个阶段是生息资本的社会化，由银行以中介机构的身份介入，吸收人们手中闲置的货币，然后再转贷出去生息，同时人们可用拥有的闲置货币购买有价证券来生息，这些存款凭证和有价证券也就是虚拟资本。生息资本的社会化可以引导资金从不能用于生产、流通等活动的人们手中转移到能将其用于实际经济活动的人们手中，并将分散在个人手中的资金集中起来进行较大规模经济活动，从而提高资金的使用效率。第三个阶段是有价证券的市场化，即有价证券可以根据其预期的收益自由买卖，从而产生用于虚拟资本交易的金融市场，如股票市场、债券市场等。有价证券的市场化能引导资金向预期收益较好的产业流动，从而可进一步提高资金的使用效率。第四个阶段是金融市场的国际化，即虚拟资本可以跨国进行交易。这一过程可追溯到19世纪中叶债务国政府和铁路公司在英国、法国和德国的金融市场上发行固定利率的债券，但从20世纪20年代开始才有比较大规模的跨国证券投资，而直到第二次世界大战之后，在《布雷顿森林协议》及《关税和贸易总协定》的推动下，逐渐形成了规模巨大的国际金融市场。金融市场的国际化能在国际范围内引导资金向收益较好的产业流动，从而大大提高资金的利用效率。期货交易开始日益虚拟化，即将购买期货作为一种投机的手段。20世纪60年代以来，股票、债券、外汇等金融商品的交易陆续出现，1973年还出现了期权交易。第五个阶段是国际金融的集成化，即各国国内的金融市场与国际金融市场之间的联系更加紧密，相互间的影响也日益增大。随着美元脱离金本位而导致浮动汇率制的形成，金融创新的增强，信息技术的迅速进步，金融自由化程度的增大，以及经济全球化的发展，虚拟资本在金融市场中的流动速度越来越快，流量也越来越大，从而使得虚拟经济的规模不断增大（成思危，2003）。

虚拟经济具有复杂性、介稳性、高风险性、寄生性和周期性的主要特点（成思危，2003）。复杂性指虚拟经济的主要特征，即自然人和法人在金融市场上进行虚拟活动时，虽然每个人都可自由决策但由于自然人和法人间的非线性作用而容易产生混沌现象。介稳性指金融系统能通过自我组织使其达到稳定，但这种稳定性很容易受外界的干扰而被破坏。当虚拟资本的价格远离其合理预期时，就会形成"经济泡沫"，需要凭借外界不断注入资金来维持其稳定，但这只是一种虚假的、极易破灭的稳定，同时货币的虚拟化会增强虚拟经济的不稳定性。高风险性是指经济活动中人们预期的收益与实际收益之间的差异，而这种高风险性也会给人们带来高收益。人们对客观世界认识能力是有局限性的。虚拟经济中的信用使买方心中产生对交易对象的价值评估，其大小取决于交易对象在未来特定时期能够给予买方的回报。虚拟经济中的资本本身没有价值，在投资者心中产生的价值实际上只是一种心理预期。表面上看价格是由买卖双方确定的，实际上最终成交的价格是由买方决定的。维系虚拟资产正常交易过程的基础就是购买方相信发行方有能力、会实现虚拟资产未来某个时期的价值。因此，人们在日常交易中所说的虚拟资本的价格是由投资者心理定价的。这就先天性地决定了虚拟经济的高风险性。寄生性是虚拟经济的特殊之处。虚拟经济实际上是在实体经济中产生的，同时又依附于实体经济。实体经济系统是指与物质资料生产相关的生产、分配、交换、消费等经济活动，而虚拟经济是通过为实体经济提供资金而获得的本息收入。如果没有实体经济的运作就不可能产生虚拟经济的利润，这也就是说当实体经济发展滞后时也会致使虚拟经济减速，相反若虚拟经济发展适度会为实体经济提供更便捷的融资渠道和扩大生产规模，成为提高生产效率的最佳途径。被誉为"中国风险投资之父"的成思危就曾形象地描述二者之间的关系如同硬件和软件。如果将实体经济系统看成是经济系统中的硬件，那么虚拟经济系统就是经济系统中的软件。也就是说，二者缺一不可，虚拟经济的存在是建立在实体经济的基础之上的，也是实体经济发展到一定程度后的必然产物，但失去实体经济的虚拟经济如同无本之木，无根之草，没有了生存的基础。周期性指虚拟经济危机虚幻反复出现，螺旋式前进的特征。

与实体经济相区别的是虚拟经济的投入要素不再是土地、劳动和资本。用马克思的理论来讲，实体经济实现的是从商品至货币至商品的过程，即 $G-M-G$；而虚拟经济实现的是从货币到商品到货币的过程，即 $M-G-(M+\Delta M)$。因此虚拟经济投入的要素是货币，经过投资过程从中获利。对比实体经济与虚拟经济的运行过程，我们不难发现两者虽然有不同的投入要素，但最终都实现了价值。虚拟经济系统是资本化的定价方式，参与人的心理预期在价格形成中起主导作用。这就决定了虚拟经济系统的内在波动性。在现代经济中，若我们用投入产出的理论来理解虚拟经济活动，就是投资者投入钱购买金融产品，从中获利得到更多货币的过程。

二、信用是虚拟经济的价值基石

虚拟经济这一形态的出现大大扩充了人们传统观念中对价值的理解。通常人们认识到的价值是以成本为中心的价值体系,也就是我们通常所说的劳动创造价值学说。这一学说是以人与人之间的关系为基础抽象出来的理论。马克思认为使用价值的创造源泉是土地、劳动和资本。在资源稀缺的经济社会中,实体经济的所有者利用购买到的数量有限的土地、劳动和资本进行生产。随着技术的进步,工人劳动技能的提高,规模效益的发挥,单位商品的价值下降,从而使得生产成本降低,产生更大的实体价值。虚拟经济的价值体系不同于实体经济。虚拟经济是以信用为中心。所谓信用[1]是指遵守诺言,实践成约,从而取得别人的信任。有的学者从纯经济学的角度将信用定义为因价值交换的滞后而产生的赊销活动,是以协议和契约保障的不同时间间隔下的经济交易行为。信用是虚拟经济产生的主要原因,是社会行为主体对承诺的兑现程度。虚拟经济中有代表性的股票、债券就是发行方对将来履约的承诺,即信用。股票、债券的购买者对发行方信用情况作出判断,然后根据自己的评价决定最大付出,从而产生了虚拟价值。信用好时,人们会相信贷者有放贷,借者会还钱。若A将钱借给B投资,不论B将这笔资金借给C,C又将其出借给D从而延长信用链,或B自己使用,待整个信用系统中每个参与人最终结束交易后,就可以从中受益。这样会使每个交易人间加深信任,并愿意投入更多的资金进行交易,从而维系整个虚拟经济系统的运作。相反,若人们之间失去了信用,借者不还钱,贷者不放贷,拥有虚拟资产的一方将需承担全部风险。整个虚拟系统失去了再交易的基础,没有人再来参与,没有新的货币资金投入,虚拟系统也就无法启动。虚拟经济代表的是一种生产关系,是指人与人之间建立在信用之上的一种利益关系的货币表现,它不是生产力。这种生产关系是建立在实体经济现有生产力的基础上,本着人与人之间的信用发展起来的。因此,虚拟经济是立足于实体经济的运作平台。

目前,基于虚拟经济发展起来的行为金融学就是把心理学的行为科学研究应用到金融学中。行为金融学[2]就是从微观个体行为以及产生这种行为的心理动因来

---

[1] 这里使用的信用概念是依据《辞海》第79版的解释。不同的研究角度对信用有不同的解释。从经济学的观点看信用是指采用借贷货币资金或延期支付方式的商品买卖活动的总称;从社会学研究角度上看信用是指对一个人(自然人或法人)履行义务能力尤其是偿债能力的一种社会评价。

[2] 行为金融学认为:股票原本是没有价值的,它的价格形成完全在于人们的心理因素,当人们普遍认为它是企业未来收益资本化的时候,从众行为使得多数人根据企业基本经营状况进行投资。行为金融学分析人的理性预期、回避风险、使个人效用最大化以及相机抉择等心理行为。依据研究表明:在实际投资决策中,人们往往根据自己的主观判断来做出决策。并不是每个市场的参与者都能完全理性地行动,人的非理性行为在经济系统中发挥着不容忽视的作用。

解释、研究和预测金融市场的发展。有关研究表明：在实际投资决策中，人们往往根据自己的主观判断来做出决策。并不是每个市场的参与者都能完全理性地行动，人的非理性行为在经济系统中发挥着不容忽视的作用。虚拟经济的价值体系是建立在信用基础之上的。

第二节 美国实体经济与虚拟经济的关系研究

德国经济学家乔纳森·特南鲍姆（Jonathan Tenenbaum）提出倒"金字塔"理论用来分析任何一个国家或地区服务经济中虚拟经济的价值（见图2-1）。

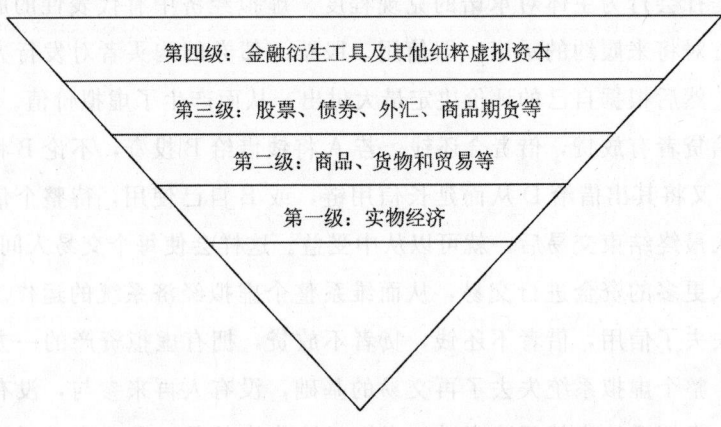

图2-1 乔纳森·特南鲍姆倒"金字塔"理论

乔纳森·特南鲍姆认为这个倒"金字塔"结构被分成四层。上层部分的增长和利润远高于底层，但相应所承受的风险也更大。据统计，世界每天金融交易总额中与实物物品贸易有关的不超过2%。当前，全球虚拟经济规模是实体经济的5倍，虚拟资产大大超过了实际资产外汇交易量，是对外贸易总额的70倍。据国际货币基金组织（IMF）的数据统计，2000年，全世界虚拟经济总量是160万亿美元，其中金融衍生品年末余额约95万亿美元，股票债券存量约65万亿美元，是全世界GDP总和的5倍；全世界虚拟资本每天流动量是2万亿美元左右，大约是世界日平均贸易额的50倍。以2007年的数据为例，美国GDP总量为13.84万亿美元，而截至2007年12月2日的数据显示，美国股市总市值约为17.8万亿美元。美国金融机构杠杆负债比例达到GDP的130%以上，华尔街金融服务业全年利润占美国所有公司利润的40%。美国在享受倒"金字塔"最上层经济金融化诱人收益的同时，相应地承受着巨大风险。美国经济学家在分析2008年美国金融危机原因时都提到了信用危机（Credit Crisis），主要表现是金融系统的借贷率畸高。当虚拟经济这座巍然大厦失去了信用基石时，就会导致多米诺骨牌式的连锁反应，并进一步影响到实体经济的正常运行。因此，在大力发展服务经济的今天，研究虚实经济体内部价值体系的相互作用和联系，尤其是有针对性地研究美国虚实经济体间的关系具有重大的指导意义。

一、样本数据的选取

在此，选取美国自2000年1月至2009年4月的月度数据来测量。设定模型中相应的变量为：居民消费价格指数CPI[①]（变量S）代表居民一定时期内购买的生活消费品价格和服务项目价格变动趋势及相对数，也就是说以消费者的角度来衡量实体经济和虚拟经济产品的价格系统变化和相互影响；工业品出厂价格指数代表生产价格指数PPI[②]（变量M）；以金融机构本外币信贷数作为我国虚拟经济核心信用的代表量（变量F）；道琼斯股市价格指数（变量H）和纳斯达克价格指数（变量E）代表美国证券市场股票价格指数；以房屋销售价格指数HPI（变量O）代表房地产价格指数来分析变量之间的相互作用。其数据具体来源如下（见表2—1）：

表2—1 虚拟经济体（需要）价值体系变量的数据来源

变量	来　　源	变量	来　　源
S	美国劳动局网站	M	美国劳动局网站
F	美联储网站	H	道琼斯网站和Bloomberg数据收集
Z	纳斯达克网站和Bloomberg数据收集	O	联邦住房基金代理数据收集

二、单位根检验

为保证计量分析的正确性，针对前面选取的原始数据先进行单位根（ADF）检验，以验证其平稳性（见表2—2）。

---

① 居民消费价格指数即CPI，在此将环比数据换算成以2000年1月为基期的定基指数。

② 工业品出厂价格指数即PPI，从国家统计局和中经网上得到的数据是以上年同月为100的工业品出厂价格指数。在此借鉴毕玉江、朱钟棣（2006）的处理方法，使用生产资料价格总环比指数先把2000年1月起各月的价格指数换算成以2000年1月为基期计算出的定基价格指数。

表 2—2　美国虚实经济体价值体系各变量 ADF 单位根检验

变量名	检验形式	ADF 值	临界值（1%）	临界值（5%）	结论
S	(T, D, 1)	−3.469307	−4.0437	−3.4508	不平稳
△S	(T, D, 1)	−7.266701	−4.0444	−3.4512	平稳
M	(T, D, 1)	−2.244898	−4.0437	−3.4508	不平稳
△M	(T, D, 1)	−6.216678	−4.0444	−3.4512	平稳
F	(T, D, 1)	−0.687996	−4.0437	−3.4508	不平稳
△F	(T, D, 1)	−4.794672	−4.0444	−3.4512	平稳
H	(0, 0, 1)	−0.316499	−2.5846	−1.9430	不平稳
△H	(0, 0, 0)	−7.239870	−2.5848	−1.9430	平稳
Z	(0, 0, 1)	−1.142486	−2.5844	−1.9429	不平稳
△Z	(0, 0, 1)	−8.314042	−2.5844	−1.9430	平稳
O	(T, D, 1)	−1.482373	−4.0437	−3.4508	不平稳
△O	(T, D, 1)	−7.395420	−4.0444	−3.4512	平稳

注：T 表示常数项，D 表示时间趋势，N 表示滞后期，滞后期由 AIC、SIC 确定。

经单位根检验后发现美国经济体中代表虚实经济体的各变量样本数据有时间趋势，对其进行一阶差分处理后得到平稳数据序列。为进一步分析模型中各变量间是否存在相互间的长期作用，在此，应用 Johensen 检验法来验证变量间的均衡关系。结果发现美国样本数据间不存在协整关系。也就是说，美国经济体系内部代表虚实经济体的各变量间不存在长期、均衡关系。

三、VAR 模型脉冲响应图

在对本书中选取时间序列进行 ADF 检验并得到平稳序列后，为进一步分析、对比美国代表实体经济和虚拟经济中各变量间的相互关系，在此采用结构模型建立方法（Structural Approach）中的向量自回归（Vertor Auto-Regression，VAR）模型来分析系统变量间的相关性。在向量自回归模型中，外生冲击对于当期变量之间仅存在单向传递关系。因为生产价格指数对居民消费价格指数的影响，同时考虑到生产价格指数对股指和房指的影响，我们采取如下的向量自回归形式：VAR 模型避开了结构建模方法中需要对每个内生变量所有滞后值函数的建模问题，将变量都作为内生变量，反映出内生变量之间的动态关系。向量自回归模型如下：

$$\begin{bmatrix} S_t \\ M_t \\ F_t \\ H_t \\ Z_t \\ O_t \end{bmatrix} = \alpha_0 + \sum_{t=i}^{n} \beta_i \begin{bmatrix} S_{t-i} \\ M_{t-i} \\ F_{t-i} \\ H_{t-i} \\ Z_{t-i} \\ O_{t-i} \end{bmatrix}$$

我们应用信息准则及相应的[1]信息值原则经过比较检验后选择建立模型[2]，确定一阶滞后阶数模型最优。

为对比分析美国实体经济和虚拟经济价格指数的变动频率，现对平稳时间序列作波动图分析（见图2—2）。

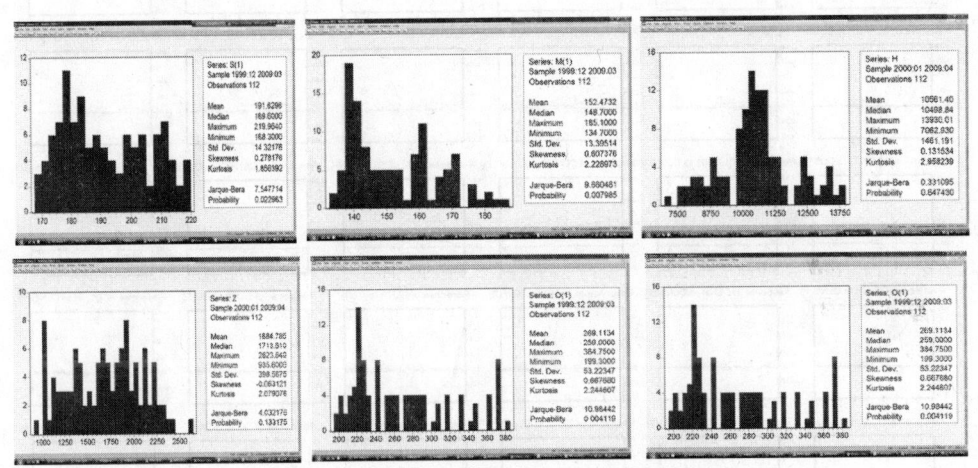

图2—2　美国虚拟经济体价值体系内变量波动图

从代表美国实体经济的价格指数CPI（变量S）和PPI（变量M）的直方图分布来看，美国实体经济总体变化状态较稳定，其偏度和峰度皆小；但虚拟经济发达的美国股票市场价格指数和房地产价格指数的变化率相对很频繁。这一方面说明美国虚拟经济较中国的虚拟经济发达，另一方面从变化频繁的道琼斯股票价格指数、纳斯达克股票价格指数和房屋销售价格指数直方图来看，美国虚拟经济同

---

[1] 信息值原则是指在以AIC、SC最小为最优的原则。因篇幅所限，在此不一一详列。
[2] 针对本书模型中的残差也进行了平稳性、自相关性和正态性的检验。由于篇幅有限，在此不详列。

时承受着巨大风险。

为保证分析结果的稳定性,所有数据我们都取它们的增长率来做分析。在此对本书原始数据进行差分、对数处理后得到新变量:DLNS、DLNM、DLNF、DLNH、DLNZ、DLNO。

针对以上实体经济与虚拟经济中各变量间的作用,为分析模型中各变量之间的动态联系,以下 VAR 脉冲响应函数分析美国实体经济、虚拟经济中各变量间的相互冲击作用(见图2—3①)。

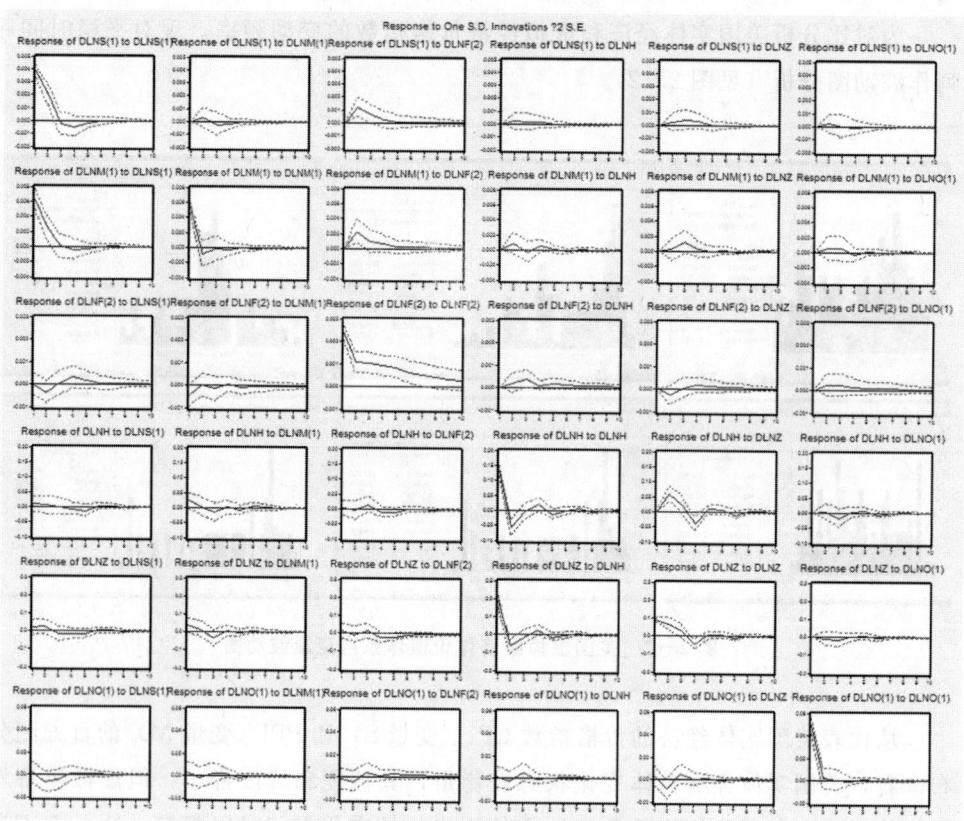

图2—3 美国虚实经济体价值体系内各变量 VAR 脉冲响应图

---

① 图2—3的脉冲响应图中,从左列到右列,依次被称为一期……六期。

从图2-3中的第一行图表中我们可以看出美国实体经济中的居民消费价格指数（CPI）本身在第四期有大幅下滑，这一降幅维持了两期后于第五期回到平稳状态，实体经济中另一重要生产价格指数（PPI）的信息对居民消费价格指数（CPI）影响是从第二期开始上升仅一期后又回到平稳状态，之后在第三期又呈负向变化，经两期后恢复平稳。这也说明实体经济变量之间的相互冲击作用是短期的；金融机构信用额的信息引起实体经济中居民消费价格指数（CPI）在第二期有大幅度增长，而且这一作用持续了五期，说明信用额的发放对居民消费价格指数（CPI）的作用是长期的；同时，我们可以很明显地发现美国虚拟经济价值体系中的代表性变量道琼斯股票价格指数、纳斯达克股票价格指数和房屋销售价格指数（HPI）的信息对实体经济中的居民消费价格指数（CPI）的影响作用较实体经济体系内部生产价格指数（PPI）的作用小得多，这说明了美国实体经济与虚拟经济间联系的薄弱性。图2-3中的第二行图线的变化状况类似于居民消费价格指数（CPI）受到的冲击作用，即实体经济系统内部居民消费价格指数（CPI）的信息对其的冲击作用大于虚拟经济价值体系中各变量对生产价格指数（PPI）的影响，这一点与我国的情形类似。图2-3中第三行金融机构信用额受到居民消费价格指数（CPI）的影响有较大变化，经四期达到一个上升的最大值后逐渐开始向平稳状态恢复；而生产价格指数（PPI）的信息对金融机构信用额的脉冲影响是微乎其微的，也说明了美国实体经济价值体系的代表性变量不构成对虚拟经济信用额的明显影响；同时来自美国股市和房市的信息对信用额的影响也出乎意料的微弱。这也说明进入21世纪后美国虚拟经济的发展对其核心价值体系信用的依赖性下降，最终导致了信用危机下的金融危机。从图2-3第四行、第五行和第六行图线的脉冲响应中我们可以看出对来自美国实体经济价值体系中的信息小于对虚拟经济价值体系中股市、房市变量的脉冲作用。

因此，美国两大经济体系的变化主要来自于实体经济、虚拟经济本系统内部，尤其美国虚拟经济价值的代表性变量间表现出较强的脉冲，这也是美国虚拟经济发达的一个表现。但实、虚两大经济体间的联系很微弱。

四、Granger因果检验

为进一步对比、分析美国实体经济与虚拟经济间内在价值体系的因果关系，针对差分检验后的平稳时间序列作Granger因果检验以分析变量内在的因果关系（见表2-3）。

表 2—3 美国虚实两大经济体间 Granger 因果检验

原假设	统计量	P 值	结论
S (1) 不是 M (1) 的 Granger 因	4.90655	0.00918	拒绝
Z 不是 H 的 Granger 因	11.7715	2.4E−05	拒绝
H 不是 Z 的 Granger 因	25.5266	9.2E−10	拒绝

针对上文进行平稳性处理后的各变量再做 Granger 因果检验得知，美国居民消费价格指数（CPI）是生产价格指数（PPI）的 Granger 因，说明实体经济系统内部的价值体系是有因果关系存在的，也符合消费促进下一轮生产的经济现实；同时美国虚拟经济中的道琼斯股票价格指数和纳斯达克股票价格指数间呈很强的因果关系，说明美国虚拟经济体系统内部有强烈的相互作用，这也是美国股市发达的一个表现。美国实体经济的价值体系与虚拟经济的价值体系间未发现因果联系。也就是说这两种经济形态之间相互独立，不存在 Granger 因果关系。经以上分析的结果显示美国在虚拟经济快速发展的过程中脱离了实体经济的轨道，但在虚拟经济体系内的两大股指道琼斯股票价格指数与纳斯达克股票价格指数间表现出很强的相互作用。同时，美国虚拟经济体系内部价格体系偏离了信用的价值标准，股指和房指都未表现出与虚拟经济体与信用额间的因果关系，这也验证了美国虚拟经济中信用缺失的现状。在没有实体经济成本价值这一基础和导向的情况下，虚拟经济的价值体系——信用（即一种心理预期）易于失去中心而导致畸形发展，出现一时的信用过度膨胀，使人们为赢得丰厚的短期利润在利益的驱使下过度追求货币收入。这种动物精神（Animal Spirit）使更多的人甚至铤而走险，违背信用原则，造成信用缺失，使这种生产关系依存的基础被破坏。无借无贷会使虚拟经济无法正常运作，导致虚拟经济体内资金链的断裂，严重的将引发金融危机，如美国次贷危机的发生。

五、方差分解法

与脉冲响应函数相对应，方差分解是研究系统动态变化的另一种有效分析方法。以上的脉冲响应函数分析了整个内生系统中每个变量对一个特定内生变量的冲击效应，而方差分解是研究 VAR 系统中每个内生变量的波动按其成因分解为与各方程信息相关联的组成部分，便于了解各信息对模型内生变量的重要性。我们可以做进一步分析。美国两大经济体系中各变量的方差分解结果见图 2—4。

EViews - [Var: UNTITLED Workfile: 2009-6-3-1 USA DATA]

Variance Decomposition of DLNS(1):

Period	S.E.	DLNS(1)	DLNM(1)	DLNF(2)	DLNH	DLNZ	DLNO(1)
1	0.003819	100.0000	0.000000	0.000000	0.000000	0.000000	0.000000
2	0.004563	91.41614	0.462901	7.274555	0.227044	0.349830	0.269527
3	0.004637	88.72920	0.706287	8.833184	0.337121	1.132414	0.261798
4	0.004684	88.00129	0.859331	8.851713	0.449725	1.561363	0.276676
5	0.004687	87.98440	0.865033	8.855270	0.449511	1.562434	0.283355
6	0.004688	87.94785	0.873274	8.868011	0.454353	1.571130	0.285385
7	0.004689	87.92881	0.873464	8.881666	0.455145	1.573967	0.286953
8	0.004689	87.90991	0.873483	8.897605	0.457631	1.573586	0.287790
9	0.004690	87.89446	0.873340	8.910735	0.457704	1.575597	0.288169
10	0.004690	87.88429	0.873329	8.920032	0.458282	1.575861	0.288206

Variance Decomposition of DLNM(1):

Period	S.E.	DLNS(1)	DLNM(1)	DLNF(2)	DLNH	DLNZ	DLNO(1)
1	0.008243	58.36165	41.63835	0.000000	0.000000	0.000000	0.000000
2	0.009029	56.92391	35.56113	6.353021	0.790640	0.048306	0.322988
3	0.009169	55.21255	34.52095	7.120387	0.873044	1.690768	0.582301
4	0.009235	54.62806	34.11756	7.612029	1.271130	1.721391	0.649825
5	0.009244	54.63613	34.05580	7.656021	1.273592	1.722914	0.655639
6	0.009250	54.57332	34.02912	7.704528	1.289639	1.747760	0.655630
7	0.009255	54.53348	33.99830	7.751266	1.305326	1.756619	0.655009
8	0.009257	54.51139	33.98421	7.781255	1.306649	1.756794	0.659708
9	0.009259	54.49038	33.97106	7.806650	1.306149	1.765553	0.660203
10	0.009260	54.47730	33.96210	7.825967	1.309502	1.765091	0.660041

Variance Decomposition of DLNF(2):

Period	S.E.	DLNS(1)	DLNM(1)	DLNF(2)	DLNH	DLNZ	DLNO(1)
1	0.002415	0.010363	3.628920	96.36072	0.000000	0.000000	0.000000
2	0.002701	1.693881	2.901960	93.08961	0.447327	1.098956	0.768263
3	0.002929	1.489734	2.752542	91.40141	2.117096	0.984794	1.254420
4	0.003093	2.332080	2.498791	90.52970	1.996545	1.242504	1.400379
5	0.003220	2.453153	2.381363	90.31172	2.169949	1.293853	1.389959
6	0.003288	2.390376	2.321453	90.24784	2.299615	1.293237	1.447481
7	0.003331	2.337548	2.300766	90.22023	2.327976	1.349954	1.463524
8	0.003359	2.316054	2.274851	90.22153	2.361380	1.360971	1.465218
9	0.003377	2.302764	2.261792	90.22124	2.382656	1.358751	1.472795
10	0.003389	2.293921	2.253371	90.21943	2.390131	1.364459	1.478691

Variance Decomposition of DLNH:

Period	S.E.	DLNS(1)	DLNM(1)	DLNF(2)	DLNH	DLNZ	DLNO(1)
1	0.134353	0.428448	2.733745	0.067362	96.77045	0.000000	0.000000

EViews - [Var: UNTITLED Workfile: 2009-6-3-1 CHINA DATA]

Period	S.E.	DLNS(1)	DLNM(1)	DLNF(1)	DLNH(1)	DLNZ(1)	DLNO(1)
9	0.280723	1.091226	31.03490	64.13552	0.446769	0.444750	2.846838
10	0.280726	1.092240	31.03437	64.13454	0.446764	0.445114	2.846972

Variance Decomposition of DLNH(1):

Period	S.E.	DLNS(1)	DLNM(1)	DLNF(1)	DLNH(1)	DLNZ(1)	DLNO(1)
1	0.239666	0.013670	37.33578	60.04243	2.608126	0.000000	0.000000
2	0.281727	0.148807	32.53666	64.70247	2.030284	0.070746	0.511034
3	0.287247	0.190289	31.32166	62.88515	2.197604	0.201666	3.203630
4	0.289756	0.349166	30.98769	62.34188	2.215649	0.412158	3.693458
5	0.290815	0.360078	30.86776	62.42397	2.199933	0.437279	3.710978
6	0.290997	0.370919	30.83899	62.43474	2.202313	0.442284	3.710755
7	0.291050	0.382383	30.82774	62.41263	2.203219	0.453030	3.720998
8	0.291078	0.382837	30.82222	62.41364	2.203107	0.455023	3.723173
9	0.291086	0.383327	30.82085	62.41475	2.203055	0.455021	3.722991
10	0.291088	0.383715	30.82058	62.41416	2.203032	0.455416	3.723101

Variance Decomposition of DLNZ(1):

Period	S.E.	DLNS(1)	DLNM(1)	DLNF(1)	DLNH(1)	DLNZ(1)	DLNO(1)
1	0.014981	0.100145	7.277859	1.382506	0.000753	91.23874	0.000000
2	0.015403	0.431505	8.236607	1.336297	0.187282	89.80783	0.000483
3	0.015724	0.710751	7.919829	1.428605	1.585727	88.25656	0.098529
4	0.015793	0.712039	7.888350	1.417975	1.854160	88.02580	0.101677
5	0.015802	0.714129	7.904763	1.416379	1.899388	87.92624	0.139101
6	0.015815	0.713198	7.917580	1.426079	1.982325	87.80592	0.154894
7	0.015816	0.715226	7.918316	1.429991	1.984879	87.79651	0.155075
8	0.015819	0.721033	7.927919	1.431105	1.989903	87.77220	0.157836
9	0.015819	0.722100	7.928450	1.433873	1.991940	87.76566	0.157979
10	0.015819	0.722775	7.929206	1.433916	1.991933	87.76383	0.158341

Variance Decomposition of DLNO(1):

Period	S.E.	DLNS(1)	DLNM(1)	DLNF(1)	DLNH(1)	DLNZ(1)	DLNO(1)
1	0.009302	1.291314	0.672738	8.400062	3.714459	1.822671	84.09875
2	0.009476	2.673561	1.394187	8.806183	3.816176	2.237506	81.07239
3	0.009557	2.723042	1.871144	8.660089	4.205341	2.226061	80.31432
4	0.009563	2.725158	1.936996	8.668609	4.227444	2.229069	80.22272
5	0.009567	2.749012	1.943507	8.682087	4.225260	2.227670	80.17246
6	0.009568	2.759718	1.943832	8.690158	4.224836	2.227970	80.15349
7	0.009568	2.762429	1.946803	8.689607	4.224675	2.228130	80.14836
8	0.009569	2.762503	1.947336	8.690449	4.224736	2.228117	80.14686
9	0.009569	2.762721	1.947357	8.690690	4.224708	2.228134	80.14639
10	0.009569	2.763037	1.947453	8.690642	4.224710	2.228185	80.14597

Ordering: DLNS(1) DLNM(1) DLNF(1) DLNH(1) DLNZ(1) DLNO(1)

图 2—4　美国虚实经济体价值体系内各变量方差分解图

美国数据显示出模型中内生变量为居民消费价格指数（CPI）、金融机构信用额和房屋销售价格指数（HPI）。美国虚拟经济价值体系核心——信用的代表变量在此却是一个很强的内生变量，这说明信用的变化绝大多数影响要素都来自系统内部，到第十期时来自系统内预测误差方差所占的份额仍占 90.21％，也就是说美国金融机构的信用额相对独立，受自身冲击而变化，而其他因素对其的影响很小。因为其他变量在其中的份额加总也只占到 9.78％。美国虚拟经济的价值体系已经显示出独立性，即不受实体经济的左右，两大实体经济的价格指数所占比例之和只有 4.54％。虽然美国道琼斯股票指数在此显示为一个外生变量，自身的误差方差份额到第十期时仅有 2.23％，金融机构信用的份额是 62.41％和生产价格指数（PPI）占 30.82％的份额。但美国虚拟经济价值体系的核心信用额变量已作为一个系统外生变量存在。也就是说，美国虚拟经济已经显示出与实体经济的相互独立性。

在此，我们需要特别关注虚拟经济价值体系中信用额变量的重要性。狭义地讲，信用指建立在对受信人特定期限内付款或还款承诺的信任的基础上，使受信人不用立即付款就可获取资金、物资、服务的能力。这是一种心理活动，在没有实体价值体系做支撑的情况下更容易被人的心理欲望所影响。在现代金融衍生品的快速发展中，信用价值链上的参与者会使用对冲、低买高卖等方法在获取收益的同时最小化自身风险，而将这种风险转移到金融系统中，从而加大系统的风险性。一旦发生"借者不还钱，贷者不放贷"，就会导致虚拟经济这一代表服务经济中人与人之间生产关系的整个体系失去存在的基础，没有了基本的借贷业务也就无所谓虚拟经济的存在。这也是引发美国次贷危机深层次价值体系的原因之一。

第三节　本章小结

基于以上实证分析的结果，针对美国实体经济与虚拟经济两大经济体内在价值体系的相互关系后发现：

本章中采用美国自 2000 年 1 月至 2009 年 4 月的月度数据，通过实证发现美国当前两大经济体间已经呈现出明显的相互独立的发展态势，即实体经济与虚拟经济的分离。虚拟经济原本是实体经济发展过程中逐渐衍生出来的产物，是建立在实体经济基础之上的。也就是说，美国在实体经济发达基础上建立起来的虚拟经济并没有与实体经济相互融合、相互促进，相反实际数据分析的结果表明两者间出现了背离，不存在价值体系内部的因果联系。

美国虚拟经济价值体系的核心——信用额并未表现出与美国股指、房指的联系，说明美国虚拟经济与实体经济的背离引起信用基石的动摇，从而引发了信用缺失，使其成为导致美国次贷危机的众多原因之一。

分析至此，若联系美国当前席卷全球的金融危机，不难看出美国过度强调虚拟经济的发展，违反了经济体内实体经济、虚拟经济平衡发展的原理。20 世纪七八十年代的美国经济尚处于技术创新、生产力大力发展的繁荣时代，层出不穷的技术变革使美国拥有了更多的高额收益，从而实实在在地提升了人民大众的生活水平并促进了国民经济的大幅提升。自 1980 年美国开始将大量的制造业向海外转移时起，美国国内的实体经济——制造业便开始逐步空心化。整个国家集中精力发展、高智商、高收益的服务业。其中金融业在美国 GDP 增长中的贡献率于 2005 年、2006 年都达到 80% 以上。但实际上发达的金融业只是巨大的财富迅速地向少数人手中转移的过程。正如马克思所说，虚拟经济只能促进财富的转移但不能实现财富的增值。这一现象也从一个侧面反映出一国经济真正的繁荣，其根本的落脚点应该是实体经济的大力发展。而虚拟经济的表面繁荣应当成为实体经济的推进器和助跑器。也就是说，发达的虚拟经济最终是为了实体经济的振兴。而美国的实际情况却与之背道而驰。

  尤其是进入 21 世纪后的美国，在制造业持续下滑的现状下，没有及时、有效地寻找振兴实体经济发展的途径，相反却极力推进虚拟经济——金融产业的迅速膨胀。虽然金融业的发展，尤其是后工业经济时代一个国家服务产业进步的重要标志，但当一个大国的虚拟经济脱离了实体经济而畸形发展时，必然会在一定程度上催生经济泡沫从而导致了经济面临更大的潜在风险。基于此次金融危机的事例来分析，美国因为将金融业（虚拟经济）的发展与制造业（实体经济）的发展分离开来，急速地完成财富的转移，从而使少数人受益而使多数人蒙害。信用体系的缺失导致整个金融体系的坍塌。信用是金融业高速发展的至关重要的基石，一旦信用缺失，出现了道德风险就会导致严重的信用危机，引发人们对市场预期的恐慌从而改变常规行为，迅速撤资或减少投资和消费，严重的将导致整个国家在极短的时间内资金链断裂，从而造成整个经济体的严重失衡，引发金融危机乃至经济危机。

第三章 生产者服务业[①]

根据以上两章对 2008 美国金融危机的状况以及美国虚实经济体关系的研究，针对美国虚实经济体分离的现状，本章将引入一有助于促进和实现虚实经济体结合的产业——生产者服务业来做进一步研究。在本章中，我们将从生产者服务业的概念和特点入手，分析生产者服务业在促进虚实经济体结合方面的优势所在。

第一节 生产者服务业的概念阐述

生产者服务业又被称为生产性服务业。有关生产者服务业的含义有很多说法。

一、生产者服务业的发展

Machlup 最早于 1962 年提出这一概念并指出生产者服务业是企业、非营利组织和政府主要向生产者提供的服务、劳动和产品，这一点是有别于向消费者提供最终服务和产品的。生产者服务业所包含的领域有：与资源分配、流通相关的活动及产品和流程设计相关的活动，如银行、金融、工程、培训、研发、设计等；与生产和管理相关的活动，如信息咨询、信息处理、财务、法律服务等；与生产自身有关的活动，如质量控制、后勤保证等；与产品销售、配销有关的活动，如运输、市场营销、广告等。Noyelle 与 Staback（1984）、Gruble 与 Walker（1989）认为生产者服务业不是直接用来消费的，可以将其作为经济中的一种中间投入来生产其他的产品或服务，其是一种中间投入而不是最终产出。也就是说生产者服务业扮演着中间桥梁的作用。Hirsh 也认为服务业最独特之处即在服务的提供者与接受者之间充当桥梁的作用。国内学者钟韵、阎小培（2003）提出生产者服务业

[①] 本章的部分内容发表于《国际贸易问题》2008 年第 9 期，《科技管理研究》2010 年第 1 期，《经济体制改革》（增刊）2009 年第 11 期。

是信息、知识和技术密集的"中间投入"产业，其用于提高生产过程中不同阶段的产出价值和运行效率，主要包括金融保险业、房地产业、信息咨询服务业、计算机应用服务业、科学研究与综合技术服务业等。综合大多数学者的观点，本书认为生产者服务业是为生产提供服务的产业，其以中间投入的形式将富含知识的服务业向生产的上下游延伸。

从经济学的角度来看，生产者服务业的产生和发展就是基于成本优势的基础上进行专业化深化分工，以及发展企业外包等活动。如果将企业视为一个生产函数，劳动力、资本、人力资本等作为投入要素，通过寻求成本最小化，以获取更大收益。在生产者服务业的投入要素中一个非常重要的要素是人力资本。人力资本所拥有的技术、专利、管理技能以及知识、智能都成为生产者服务业中的核心部分，通过这些知识产品与能力的发挥达到为最终制造业提供更有价值的中间产品的目的。生产者服务业是一个典型的中间产业，在这一过程中将原企业自给自足的部分以独立产业的形式分离出来，以实现专业化、规模化效益。因此，生产者服务业就是将原有的内部化产业转向外部化，转由外部效率更高的组织来完成，之后再实现回归，将外部性中间产品投入到生产中，以增加最终产成品的附加值和收益。

在具体的生产过程中，企业需要对各种生产要素做出"自己做"或"外部买"（Make or Buy）的决定。这一决定的做出将直接影响到企业的成本结构、制造方式、组织结构以及区位选择。对于企业来说，如果外部组织能够提供更有效率、成本更低的产品，那么此项活动就应该交由外部组织来完成；若企业本身就可以做得很好，那么这些中间环节就可由企业自己来做。科斯曾在《企业的性质》一书中提到过企业和市场的边界问题，并在其中引入了交易费用[①]这一概念，以解释企业内部化和外部化的活动。同时，科斯认为伴随着社会分工的深化，制造商和服务提供商之间交易数量将会扩大，当劳动分工的边际收益大于交易费用的边际增长时，劳动分工就会进一步细化，同时促进制造业生产效率的提高。

实际上，生产者服务业正是将企业活动由内部化向外部化转化的一个过程。

---

① 交易成本理论是用比较制度分析方法研究经济组织制度的理论。它是英国经济学家罗纳德·哈里·科斯（R. H. Coase）1937年在其重要论文《论企业的性质》中提出来的。它的基本思路是：围绕交易费用节约这一中心，把交易作为分析单位，找出区分不同交易的特征因素，然后分析什么样的交易应该用什么样的体制组织来协调。科斯认为，交易成本是获得准确市场信息所需要的费用，以及谈判和经常性契约的费用。也就是说，交易成本由信息搜寻成本、谈判成本、缔约成本、监督履约情况的成本、可能发生的处理违约行为的成本所构成。

通常，我们可以将生产者服务业的发展过程分为三个阶段：种子期、成长期和成熟期。所谓种子期就是指制造企业所需要的各种生产者服务业仍由自己提供，外部的生产者服务业市场尚未形成。但在此时，知识密集型企业已经对生产者服务业产生强烈的需求。所谓成长期是指制造企业已经逐步开始将部分内部活动外部化，生产者服务业间的外部竞争性也显露出来。在这一时期，越来越多的企业开始对生产者服务业产生了需求。到了成熟期生产者服务业市场的细分程度会进一步提高，其向市场提供的服务水平进一步提升，专业化服务部门向市场中的制造商提供定制化或标准化服务。

二、生产者服务业的分类及特征

生产者服务业是社会化分工的结果。对生产者服务业的界定是基于服务业或服务部门的"功能性分类"。典型的服务业分类大致有两种，一种将服务业分为三部分，美国经济学家格鲁伯（Grubel）和沃克（Walker）在《服务业的增长：原因及影响》（1993）中，从服务的对象出发，将服务业分为三部分：为个人服务的消费者服务业、为企业服务的生产者服务业和为社会服务的政府（社会）服务业（本书在做计量统计时依照这种分类方法）。另一种将服务业分为四部分，美国经济学家布朗宁（Browning）和辛格曼（Singelmann）在《服务社会的兴起：美国劳动力的部门转换的人口与社会特征》（1975）中，根据联合国标准产业分类（SIC）把服务业分为四部分：生产者服务业（商务和专业服务业、金融服务业、保险业、房地产业等）、流通型服务业（又叫分销或分配服务，包括零售业、批发业、交通运输业、通信业等）、消费者服务业（又叫个人服务，包括旅馆业、餐饮业、旅游业、文化娱乐业等）和社会服务业（政府部门、医疗、健康、教育、国防）。同时，国际上官方（如美国商务部）对生产者服务业的分类还包括：商业及专门技术、教育、金融、保险、电子传讯以及各国政府。英国的标准产业分类为：批发、分配业，废弃物处理业，货运业，金融保险业，法律服务，会员组织，其他专业服务。中国香港贸易发展局的分类标准为：专业服务，信息和中介服务，金融服务，与贸易相关的服务。

同消费者服务业、政府服务业相比，生产者服务业是一种高知识、高技能、高成长、高辐射的现代服务产业。通常具有知识性、创新性、专业性和协同性的特征。其中知识性是生产者服务业最根本性的特征。在生产者服务业中人力资本作为一种非常特殊的投入要素进入生产函数。同样是活劳动力，劳动力与人力资本是不同的。劳动力一般是指文化技术素质较低、仅掌握传统技术进行粗放型经营作业的人。而人力资本是存在于人体之中的具有经济价值的知识、技能和体力等因素的总和，即人力资本的形成必须经过教育和培训等方式。舒尔茨认为，人力资本是体现于劳动者身上，通过投资形成并由劳动者的知识、技能和体力所构成的资本。因此，人力资本比起通常意义上的劳动力具有创造更大附加值的空间，特别是在后工业经济时期，人力资本具有更广阔的发展前景。因为"活资本"是具有创新性和创造力的。高素质的人才资本提供的劳动进入制造领域后，就会创造出高智力、高技能的中间产品，而这些中间产品再投入制造业中后会大大提高最终产品的附加值，而这一增值效应是传统意义上的劳动力所不能提供的。基于这个道理，格鲁伯和沃克将生产性服务业形象地比喻为"将日益专业化的人力资本和知识资本引进商品生产的飞轮"。

第二节 生产者服务业中人力资本的应用

在经济全球化、国际分工进一步细化的今天，生产者服务业正在经历由"内在化"向"外在化"不断演进的过程。人力资本作为发展生产者服务业的影响因子其重要性被日益提升。人力资本理论的出现被西方经济学界视为20世纪经济理论的重大发展。以舒尔茨1960年在美国经济学年会上发表的《人力资本投资》的演讲作为人力资本理论产生的标志。人力资本理论从诞生到今天也不过半个世纪的时间，但其对现代经济学的影响令人瞩目。舒尔茨认为单纯从自然资源、实物资本和劳动力的角度不能解释生产力提升的全部原因的，而被遗漏的重要因素就是人力资本。他指出，人力是社会进步的决定性因素，但人力的取得不是无代价的。人力资本包括人的知识和技能的形成。它是投资的结果，只有通过一定方式的投资，掌握了知识和技能的人力资源才是一切资源中最重要的部分。由此来看，人们的知识和技能是资本的一种形态，舒尔茨称其为人力资本，并进一步提出人力资本是必须经过教育和培训等学习过程。他从人力资本形成的角度对其进行界定，认为人力资本是体现于劳动者身上，通过投资形成并由劳动者的知识、技能和体力所构成的资本。20世纪80年代中期以后，以知识经济为背景的新经济增长理论在美国、英国等国兴起，使人力资本理论的研究掀起了一个新的高潮。美国经济学家罗默（Paul Romer）、卢卡斯（Robert Lucas）、英国经济学家斯科特（A. D. Scott）等分别提出了将人力资本作为独立内生变量的新经济增长模型。对于人力资本的界定并将人的知识和技能等视为投资的产物,强调人力投资的重要性、重视劳动质量的差别以及知识和技能的作用,对于发展社会生产力、促进经济增长,尤其是对当今知识密集的生产者服务业增长具有积极的促进作用。

一、生产者服务业中人力资本的重要性

人力资本是指凝结在投资受体身上的技能、学识、健康、道德水平和组织管理水平的总和。这种非物质形态的资本价值必须通过劳动力参与社会生产过程来体现。简而言之,人力资本是通过花费一定的资源而投资于人自身的、最终体现为技能、知识和认识水平的总和。按投资的方式和途径可分为教育资本和非教育资本两大类。人力资本的形成途径与物质资本相似,即通过对人力的投资而形成,一切有利于提高劳动者素质与能力的活动,有利于提高人的知识、技能和健康存量的经济行为以及有利于改善人力资本利用率的开支,都是对人力资本的投资。经济学家把人力资本形成途径归纳为教育投资、卫生保健投资、"干中学"投资和培训投资,其性质可分为一般性质和特殊性质。一般性质是指人力资本具有生产性。同物质资本一样,人力资本是生产过程中必不可少的生产要素,是重要的经济资源。随着时代的进步,特别是进入后工业经济时代,富集知识的人力资本的特殊性质被凸显出来,即在生产中相对于物质资本的重要性更加显著;同时还具有可获利性和自增价值的重要特性。

在此,基于人力资本的特征作用,我们需要对其要素功能和效率功能做进一步说明。要素功能是指人力资本是生产过程中必不可少的先决条件或投入要素。古典经济学和新古典经济学因为假设劳动力是同质的,所以无法解释一些所谓的"经济之谜",而新经济增长理论却使用人力资本内生增长的理论解释了"谜团"。效率功能是指在生产过程中人力资本不仅具有要素功能,而且是提高生产效率的关键因素。人力资本投入的增加不仅可以提高自身的生产效率,而且可以提高其他生产要素的效率(卢卡斯,1988)。卢卡斯在1988年就已提出人力资本的"外部性效应",即人力资本投资的增加可以节约物质生产要素。

二、以人力资本为特征的"新增长理论"

自20世纪80年代中期以来,随着以罗默(Paul Romer)和卢卡斯(Robert Lucas)为代表的"新增长理论"的出现,经济增长理论在经过20余年的沉寂之后再次焕发出生机。新增长理论是经济学的一个分支,它全力解决经济科学中一

个重要且令人困惑的主题：增长的根本原因。这个理论的出现标志着新古典经济增长理论向经济发展理论的融合，其重要的内容之一是把新古典增长模型中"劳动力"的定义扩大为人力资本投资，即人力不仅包括绝对的劳动力数量和该国所处的平均技术水平，而且还包括劳动力的教育水平、生产技能训练和相互协作能力的培养等，这些统称为"人力资本"。新增长理论强调经济增长不是外部力量（如外生技术变化），而是经济体系内部力量（如内生技术变化）作用的产物，重视对知识外溢、人力资本投资、研究和开发、收益递增、劳动分工、专业化、边干边学、开放经济和垄断化等新问题的研究，重新阐释了经济增长率和人均收入广泛的跨国差异，为长期经济增长提供了一幅全新的图景。

新增长理论将经济增长的源泉由外生转化为内生，从理论上说明知识积累和技术进步是经济增长的决定因素，并对技术进步的实现机制作了详细的分析，这些研究填补了西方经济理论中的空白。新增长理论将知识和人力资本因素纳入经济增长模型，为经济的持续增长找到了源泉和动力。古典增长理论学家大卫·李嘉图曾得出经济发展最终将处于停滞的悲观结论。凯恩斯学派和新古典增长理论也认为一旦没有技术进步，经济发展将会停止。但新增长理论则认为，专业化的知识和人力资本的积累可以产生递增的收益并使其他投入要素的收益递增，从而总的规模收益增加，这突破了传统经济理论关于要素收益递减或不变的假定，说明了经济增长持续和永久的源泉与动力。

新增长理论模型中的生产函数是一个产出量和资本、劳动、人力资本以及技术进步相关的函数形式，即 $Y=F(K, L, H, t)$，其中，Y 是总产出，K、L 和 H 分别是物质资本存量、劳动力投入量和人力资本（无形资本）存量，t 表示时间。对此有影响的模型有阿罗提出的边干边学模型、罗默的知识积累型增长理论和卢卡斯的人力资本积累模型。在阿罗的模型中，只是将技术进步的一部分内生化了。在这一模型中，产出不仅仅是有形要素的投入，而且也是学习和经验积累的结果。体现为：资本的贡献要大于传统的贡献，因为增加的资本不仅通过其对生产的直接贡献来提高产量，而且通过间接推动新思想的发展来提高产量。但在这一模型中技术仍然是外生的，它随着内生的资本存量的变化而变化。

罗默在1986年《收益递增经济增长模型》一文中提出了自己的内生经济增长模型，他认为知识和技术研发是经济增长的源泉。在罗默提出的知识积累型新经济增长理论中，对知识给予充分的重视，将技术进步完全内生化并提出经济增长的原动力是知识积累，资本的积累不是增长的关键。有代表性的是所谓的研究与开发模型。

与罗默的知识积累型增长理论相比，卢卡斯的人力资本积累模型强调了人力资本的重要性。所谓人力资本就是体现在劳动者身上的可用于生产产品或提供各种服务的智力、技能以及知识的总和。人力资本增值就是通过对人力资本的积累、投资和扩充，促使人力资本的价值得以提升。当代西方经济学认为，资本采取两种形式，即物质资本和人力资本。其中体现在物质形式方面的资本（即投入生产过程的厂房、机器、设备、资金等各种物质生产要素的数量和质量）为物质资本。

与旧的理论相比，卢卡斯强调人力资本因素的新经济增长模型充分借鉴了贝克尔等人对人力资本研究的成果，分析了人力资本的形成过程，并把人力资本的形成结合到经济增长模型之中。卢卡斯模型即人力资本积累模型是把人力资本作为一个独立要素放入经济增长模型中，运用微观方法把舒尔茨和贝克尔的人力资本概念、阿罗的技术进步和罗默的知识积累具体化为专业化的人力资本，从而解释持续经济增长问题。卢卡斯的模型实际上是"专业化人力资本积累增长模式"。该模型揭示了人力资本增值越快，则部门经济产出越快；人力资本增值越大，则部门经济产出越大。卢卡斯模型的贡献在于承认人力资本积累不仅具有外部性，而且与人力资本存量成正比，其贡献在于承认人力资本积累（人力资本增值）是经济得以持续增长的决定性因素和产业发展的真正源泉。卢卡斯通过将人力资本内生于增长模型之中，指出了人力资本与技术进步及经济增长之间的关系。论证了人力资本积累是经济增长的基础，教育是人力资本形成的最佳途径。按照卢卡斯模型中的思想，专业化的人力资本随着生产某种商品数量的增加而增加，但增加的速度是递减的。由于专业化的人力资本增长是在已有的人力资本水平上进行的，某种商品生产的技能可以成为另一种商品生产的基础，从而提高了这种产品生产所需人力资本的形成速度。从总体上看人力资本的积累是递增的，这导致人力资本的边际产出在递增。

卢卡斯的内生经济增长模型把整个经济分成两个部门。在第一个部门中每个劳动者根据其拥有的物质资本（与产品同质）和一部分的人力资本生产消费品。在第二个部门中，人力资本自我形成。假定每个劳动者的能力和他贡献给人力资本的时间（可视作受教育和培训的时间）决定了其进一步获取知识的速度。卢卡斯认为经济中的溢出效应主要来自于对人力资本的投资，而不是来自于对实物资本的投资。

三、卢卡斯的人力资本积累模型

下面,我们来考虑卢卡斯的人力资本积累模型。有关的基本假设如下:

(1) 每个人的人力资本指其一般技术水平,每个人提供的劳动量与他的人力资本存量水平成正比。

(2) 人力资本为 $h(t)$,劳动力数为 $L(h)$,$0<h<\infty$,整体经济中的劳动力总量是 $L_i = \int_0^\infty L_h dh$,劳动力的增长率为 λ。

(3) 假设每个人具有的人力资本为 $h(t)$,劳动力用于物质生产或服务的时间为 $u(t)$,其余时间为 $[1-u(t)]$ 用于人力资本积累。

(4) 现时生产中劳动力投入的有效劳动总量为:

$$H_i = \int_0^\infty u(t)L(h)h dh \tag{3-1}$$

(5) 每个人具有的人力资本对生产力的影响是人力资本的内在影响;所有劳动力的平均人力资本水平对其他生产要素生产率的影响是人力资本的外部性影响。

(6) 总储蓄等于总投资,资本不考虑折旧,人均消费增长率为 k。

(7) 技术进步率为 $A^{\bullet}_t / A_t = u$

基于卢卡斯模型的基本假设,建立的人力资本外部性内生生产函数为:

$$Y_t = A_t K_t^a H_t^{1-a} h_{at}^r \tag{3-2}$$

其中,假设每个人的人力资本水平是一致的,他们均以相同的时间提供等量的劳动,则 $H_i = u(t)h_t N(T)$。

因为每个人的人力资本水平的增量是本身人力资本水平和用于进行人力资本投资时间 $[1-u(t)]$ 的函数,因此可将人力资本积累模型看做是以下形式:

$$h_t = h_t^\xi G[1-u(t)] \tag{3-3}$$

其中,$G(0)=0, \partial G/\partial X \geqslant 0, \xi < 1$。

其中,式(3-3)包括另一个条件:

$$h_i / h \leqslant h_t^\xi G(1) \tag{3-4}$$

在此,若令函数 $G[1-u(t)]$ 是线性的,$G[1-u(t)] = \delta[1-u(t)]$,那么人力资本函数可以表示为:$h_t = h_t^\xi G[1-u(t)] = h_t^\xi \delta[1-u(t)]$。

根据上述模型,卢卡斯在效应函数最大化和均衡条件下得出物质资本投资增长率的方程为:

$$k = \left(\frac{1-\alpha+r}{1-\alpha}\right)v \tag{3-5}$$

其中 v 的表达式为：

$$v = [\sigma(1-\alpha+r)-r]^{-1}\{(1-\alpha)[\delta-(\rho-\lambda)]\} \tag{3-6}$$

在此，v 代表人力资本的增长率，ρ 表示贴现率，δ 是避险系数。

最终，卢卡斯得出的人力资本增长模型为：

$$N(t)C(t) + K(t) = AK(t)^\beta[u(t)h(t)N(t)]^{1-\beta}h_a(t)^r \tag{3-7}$$

其中，$h_a(t)^r$ 是指人力资本外部效应，$K(t)$ 是物质资本的增长率。A 表示技术水平，假定其不变。$N(t)$ 是时间 t 上的劳动力人数或投入生产的人数，$c(t)$ 是实际人均消费量，$u(t)$ 是有效劳动，$h(t)$ 是当时的个人资本存量。

最终，卢卡斯模型得到的结论是：一国的经济增长不需要外生力量（如人口增长）就能实现，增长的源泉就是人力资本的积累，这是其核心所在。

四、人力资本在生产者服务业发展中作用的发挥

综观历史，我们不难看出服务业的发展是人类进步的表现，而知识、技能密集的生产者服务业更是以人力资本的发展为前提的。在人类历史上，服务与服务劳动很早就已存在了。而服务业作为一个完整的概念被提出并由此产生的理论研究则是在 20 世纪后才发生的。早在 20 世纪 30 年代，新西兰奥塔哥大学教授 A. 费希尔就提出产业结构变动的三个阶段，即农业、工业和服务业，并指出产业变动的这一过程是由技术变动引发的，而先进技术的运用者人力资本在其中发挥了至关重要的作用。之后，英国经济学家 C. 克拉克继承了费希尔的观点提出劳动力在三次产业间分布的结构变化理论，并指出一国随着人均国民收入的提高投入到服务业中的劳动在不断增长。这一观点渊源于 17 世纪英国古典经济学家 W. 配第，因此被经济学界称为"配第—克拉克定理"。1968 年维克托·富克斯发表的《服务经济学》提出了"服务经济"的概念并进行了大量实证研究，指出服务业在经济发展中扮演着越来越重要的角色。丹尼尔·贝尔（Daniel Bell）的"后工业化社会"理论详细阐述了人类社会经济发展的三个阶段，即前工业化社会、工业化社会和后工业化社会，并强调进入后工业化社会的必要条件是高等教育，即人力资本的培养。这种知识型人力资本成为后工业社会即服务业发达社会发展的重要因素。20 世纪 70 年代以后，经济生活中出现日益增多的服务专业公司。服务消费者可以通过市场购买所需的各类服务，其中包括"消费者服务"、"生产者服务"。生产者服务业是专业化加强和技术不断更新的必然产物，使得在市场购买某些种

类的专门技能比在厂商内部生产更加有利。具有相应技能的人力资本得到了充分利用。生产者服务业的市场化使经济的发展越来越强调人力资本的作用。Saxenian（1994）指出，生产者服务业人员常具有较高的人力资本，而缺乏技能的劳动者很难从事专业性活动。Andersen（1999）指出技术密集的服务业工作虽然增长速率很快，但仍占较少的比例。高科技人力资本向生产者转移正在成为常态。

自20世纪50年代开始，世界各国特别是主要资本主义国家，经济结构就发生了重大改变。20世纪80年代开始，全球产业结构开始呈现出"工业化经济"向"服务型经济"转型的总趋势，凸显为服务业的发展成为经济增长的重要动力和现代化的重要标志。从全球经济来看，1980~2000年，服务业占GDP比重不断上升，全球服务业增加值占GDP比重由56％增加至63％，主要发达国家达到71％，中等收入国家为61％，低收入国家是43％。到2000年，在服务业内部，生产者服务业的比重逐渐加大，主要工业国达到50％以上。这不仅改变了过去服务业的生产和经营方式，而且带动了传统服务业的升级改造，成为全球经济发展中一支不容忽视的新生力量。第三次技术革命的推动使服务业内部结构得到迅速提升，生产者服务业从工业中分离出来，大大改变了服务产品的性质和内容。之后信息技术革命造就了生产者服务业以高技术含量、高知识集聚、高附加值和高管理水平为特征，使服务业内部结构得到了彻底改变。而生产者服务业所提供的产品属于人力资本范畴的知识和技术。当用人力资本作为生产要素来替代商品要素构成中的土地时，生产者服务业就成为人力资本实现其经济价值的桥梁。结合我国目前产业结构调整的现状，在第三产业内部，总量偏小且行业结构不够合理，发展水平滞后。第三产业增加值在GDP中所占比重明显偏低。目前，绝大部分发达国家的这一比重为70％左右，大部分发展中国家为50％左右，而我国2005年仅为40.3％。从内部结构看，商业餐饮、交通运输等传统服务业比重较大，占40％以上；邮电通信、金融保险等基础性服务业发展仍然不足；信息咨询、科研开发、旅游、房地产、新闻出版、广播电视等新兴服务业虽然发展较快，但比重仍然不高。大力发展基础性服务业和新兴服务业，提高服务业的比重和水平，加快生产型经济向服务型经济的转变，必然需要以人力资本的快速提升为前提。经济学家一直很关注人力资本的发展。亚当·斯密（Adam Smith）在《国富论》中就曾以资本的形式提出人类有用的一种能力，即人力资本的雏形。Alfred Marshall也强调教育是一个国家最重要的投资，其重要性超过任何投资形式。Theodore W. Schultz早在20世纪70年代就分析了美国1900~1956年的教育开支与收入及物质资产之间的关系。结果表明教育投资的回报是物质资产回报的 3.5 倍。换句话说即教育需求的收入弹性是物质资产收入弹性的 3.5 倍。而人力资本的获得就是依靠教育培育和发展的。因此，在很大程度上，人力资本的大小是通过人接受教育的多少来衡量的。如果把人的受教育阶段进行划分，可分为初等教育、中等教育和高等教育。其中，后两个阶段主要用于培养科学和技术能力。

第三节　生产者服务业规模效应的理论模型分析

生产者服务业作为一个独立的产业从制造业中分离出来，因为规模效应和人力资本介入而带来的成本降低，收益增加。以下我们借用 Markusen（1989）的模型并进行相应变动对生产者服务业的效应进行进一步分析。

现在考虑在封闭经济体中的竞争性部门 Y 中的一般均衡。最终产成品由投入的劳动力（L_Y）和生产者服务业 $S=(S_1,S_2,S_3,\cdots,S_n)$ 产出得到的。在此，我们根据柯布—道格拉斯生产函数建立一个竞争性生产厂商，其中的生产要素包括：劳动力（L），资本（K），人力资本（H）。从价值链分析的角度看，生产性服务业的价值增值更多地体现在专业服务人员与客户之间不断交流和沟通上，实际上，生产性服务业中所需知识的储备、专业化水平都起到了决定性的作用。

$$Y = AK^{\alpha}L^{\beta}H^{\gamma} \tag{3-8}$$

其中，$\alpha+\beta+\gamma=1$，$A>0$。

假设生产函数在有 n 种生产者服务业投入的情况下具有不变的规模回报。在此设定生产函数在生产产出 Y 的过程中具有不完全替代性和一致性，同时在生产过程中投入的中间品——生产者服务业的不同类型间是相互水平性的多样性投入。生产函数从生产者服务业提供的专业化服务中得到了收益。因为生产者服务业生产过程中的固定成本在一国封闭均衡的条件下因种类的不同在最终产品的生产过程中是有差异的。

$$w_H/w_L = [\beta/(1-\beta)](L/H) \tag{3-9}$$

式（3—9）是人力资本与劳动力之间的比率。如果这个比例高就说明人力资本多于劳动力的数量。尤其在生产者服务业中这一比例相对较高，因为生产者服务业一个重要特征就是人力资本的含量较高。以下固定成本的函数可以表示为：

$$(1-\beta)/\beta p n^{\alpha} S_j = wF \tag{3-10}$$

在竞争性部门中 M 产业函数可表达为：

$$M_i = M_i(S_1, S_2, S_3, \cdots) \tag{3-11}$$

因为生产者服务业中人力资本（H）的存在，在此将人力资本作为一个元素投入到生产过程中以提供特定服务来帮助生产制造业减少生产成本和增加利润。我们假设 M 生产函数是一致性和对称性的，在生产中为不完全替代。M 产业的生产函数可以表达为：

$$M = (\sum S_j^\beta)^{1/\gamma} \tag{3-12}$$

其中，$0<\gamma<1$。

我们得到了生产成本函数：

$$P = wS_j + wF \tag{3-13}$$

当 W 表示为产出 Y 的工资，F 为固定单位成本时，我们可以得到利润函数如下：

$$Max\pi = p[\sum S_i^\beta]^{1/\gamma} - \sum(wS_i + wF) \tag{3-14}$$

在此，我们假设 $\sum S_j = ns$，n 是内生变量。针对 S 和 n 分别对利润函数求一阶导数：

$$\partial\pi/\partial S_j = (p/\beta)[n(S_j)^\beta]^\alpha \beta S_j^{\beta-1} - w = p_n^\alpha - w = 0; \alpha \equiv (1-\beta)/\beta \tag{3-15}$$

$$\partial\pi/\partial S = (p/\beta)[n(S_i)^\beta]^\alpha 2S_i^\beta - (wS_j + \omega F) = 0 \tag{3-16}$$

为更好地发现生产者服务业的特殊效应，在此建立另一个类似模型，其中产出函数不包括人力资本的投入，在竞争厂商中得到以下的产出函数形式：

在此，产出函数的投入，元素包括劳动力（L），资本（K），但不包括人力资本（H）：

$$Y = AK^\alpha L^\beta \tag{3-17}$$

其中，$\alpha+\beta=1$，$A>0$。

竞争性行业中 M 产业函数如下：

$$M_{i-1} = M_{i-1}(S_1, S_2, S_3\cdots) \tag{3-18}$$

在这个模型中，产业函数不包括人力资本对产出过程中提供的规模效应为：

$$M_{i-1} = (\sum S_{i-1}^\beta)^{1/\gamma} \tag{3-19}$$

生产成本函数如下：

$$P = wS_{i-1} + wF \tag{3-20}$$

在此，我们可以得到新函数的利润表达式如下：

$$Max\pi_{i-1} = p[\sum S_{i-1}^\beta]^{1/\gamma} - \sum(wS_{i-1} + wF) \tag{3-21}$$

对比以上两个模型，其不同就在于生产者服务业的投入与否，因此求两个模型中利润函数之差即得到生产者服务业的中间利润：

$$Max\pi_i - Max\pi_{i-1} = p(S_i^\beta)^{1/r} - wS_i (S_i 是生产者服务业投入元素) \quad (3-22)$$

因为生产者服务业所提供的专业化服务是高知识、高技术的中间投入品。与普通制成品相比，有生产者服务业中间投入的产品其价值高于没有生产者服务业投入的产业，在工资一定的情况下，式（3—22）总为大于零的正值。

与式（3—15）、式（3—16）相对应，我们可以求出在没有生产者服务业投入的利润函数中对 S_j 和 n 分别求导的函数：

$$\partial \pi / \partial S_{i-1} = (p/\beta)[n(S_{i-1})^\beta]^\beta S_{i-1}^{\beta-1} - w = p(n-1)^2 - w = 0; \alpha \equiv (1-\beta)/\beta \quad (3-23)$$

$$\partial \pi / \partial n = (p/\beta)[n(S_i)^\beta]^\alpha S_i^\beta - (wS_j + wF) = 0 \quad (3-24)$$

将式（3—15）与式（3—21）、式（3—22）相比较，我们可以得出，其有效地说明生产者服务业在生产过程中所起到的作用。

同时，我们可以看出式（3—19）中的系数 $0<\gamma<1$，所以 $1/\gamma>1$，这是一个增函数。其中含有生产者服务业的产出函数相对应的生产函数表达式为：

$$C^u(w,p) = wS_{i-1} + wF$$

其中，ω 是劳动力成本，p 代表生产者服务业的价格指数，其具体形式可以写为：

$$p(n,p_i) = n^\gamma p_i \quad (3-25)$$

如果我们将 p_i 作为有代表性的生产者服务业投入的价格指数，n 表示生产者服务业的种类，由此得到以下关系：

$$\partial p(n,p)/\partial n < 0 \quad (3-26)$$

即随着所提供的生产者服务业数量的增多，因为规模效应的存在，使得含有生产者服务业提供的中间产品的产成品的相对价格下降，即：

$$\partial c[w,p(n,p_i)]/\partial n < 0 \quad (3-27)$$

制造业通过引入生产者服务业，从而达到降低成本、产生规模效益的目的。

第四节 美国生产者服务业中人力资本作用的发挥

美国作为当前世界最发达国家，其经济体总产值从主要来源于制造业早已转向虚拟经济的服务业发展。进入后工业经济时代的美国，服务业在国家经济总量中的比重日益上升，其中服务业对经济总量的贡献率达到了70％以上。2008年这一比例达到 78.9%。生产者服务业在服务业中又占有主要的份额。下面以美国经济学家 B. Jeong 提出的基于劳动收入测算人力资本投入时的模型来测算美国服务业各部门的人力资本投入量。一般来说，测算人力资本有两种方法，其中一种是成本法，即用受教育年限来衡量人力资本投入量。各种工人收入的差异正是他们人力资本投入在市场价格上的差异。这样差异在很大程度上是由他们的人力资本投入的不同决定的。

假设一经济体由 i 表示的各产业组成，用 (i,j) 表示 i 产业的工人，他们具有不同的人力资本禀赋，从而具有不同的人力资本投入，以 $h(i,j)$ 表示 (i,j) 提供人力资本。假设各行业的技术水平相同。不同行业的生产函数表示为：

$$Y_i = A_i H_i^\alpha \qquad (3-28)$$

Y_i 是行业总产出，H_i 是总人力资本投入，A_i 是区别于人力资本投入以外的投入，如物质资本投入，$\alpha \in (0,1)$ 是人力资本对产出的贡献份额。总人力资本投入是单个从业人员人力资本的线形函数，短期内各行业人员不具有流动性。因此得到：

$$H_i = \int_0^1 h(i,j) \mathrm{d}j \qquad (3-29)$$

以 $\widetilde{w}$ 表示 i 行业中人力资本投入的产出增长量：
$$\widetilde{w} = \alpha A H^{\alpha-1} \qquad (3-30)$$

工人 (i,j) 的工资为：
$$w(i,j) = \widetilde{w} h(i,j) \qquad (3-31)$$

由式 (3-28) 和式 (3-30) 可得：
$$H_i = \alpha Y_i / \widetilde{w}_i \qquad (3-32)$$

由此可以看出总人力资本投入等于总的劳动产出除以一单位人力资本投入的产出增长量。

考虑到两个行业 s 和 u：
$$H_s / H_u = \alpha Y_i / \widetilde{w}_i \qquad (3-33)$$

如果比较投入一单位人力资本投入产出的差异和工资差别，就可以得到人力资本投入的差别。假设 $(s,\bar{s})$ 和 $(u,\bar{u})$ 表示不同行业的两个人所提供相同的人力资本投入：

$$h(s,\bar{s}) = h(u,\bar{u}) \qquad (3-34)$$

由式 (3-31) 和式 (3-34) 可得：

$$\widetilde{w}_s/\widetilde{w}_u = w(s,\bar{s})/w(u,\bar{u}) \tag{3-35}$$

将式（3-33）变形为：

$$H_s/H_u = Y_s/Y_u = w(u,\bar{u})/w(s,\bar{s}) \tag{3-36}$$

式（3-36）是计算各行业人力资本相对量的模型。既然人力资本没有物理意义的量纲，那么就在此选定一个行业的人力资本作为计算其他行业人力资本的标准量。

利用 B. Jeong 提出的人力资本测算模型计算美国服务业按北美产业分类标准分类的各一级部门人力资本投入量。为了数据的可比性，在此用人均国民产出 y 代替整个行业的总产出 Y。利用美国商务部经济分析局网站数据进行分析。人均 GDP 采用 1998~2004 年的平均值，用年平均工资额除以各产业从业人员人数求得。在此选取零售业为基准点，其他行业分别与零售业的人力资本存量进行比较，从而得出服务业内部各部门相对于零售业部门的人力资本投入比值。

表 3-1 美国服务部门人力资本测算比较

单位：千美元

	人均 GDP	年工资	人力资本投入比值
批发业	104.54	47.83	1.09
零售业	48.77	24.33	1.00
交通运输、仓储	68.54	36.10	1.06
信息业	142.27	57.27	1.24
金融保险、房地产和租赁	248.51	51.95	2.39
专业化和商务服务	66.75	41.01	0.81
教育、卫生、社会保障和社会福利业	47.52	32.59	0.73
文化、体育和娱乐业，住房和食物服务	34.40	18.51	0.93
其他服务（不包括政府）	36.50	22.16	0.82
政府（包括联邦和地方）	64.47	41.35	0.78

资料来源：美国商务部经济分析局 www.BEA.org。

从表 3-1 可以看出，美国服务业生产者服务部门中的金融保险、房地产和租赁行业中人力资本的存量是最高的。这也说明在这一服务行业中对人力资本的需求是首要的。其次根据现代产业分析的观点，一个产业在国民经济中的地位主要取决于两项指标：一是该产业吸纳的就业量在社会就业总量中的比率；二是该产业所提供的产品或产值在国民经济总量中的比重。因此，以现代产业分析的观点来看生产者服务部门在国民经济中所起的作用，生产者服务部门具有举足轻重的地位。

第五节 本章小结

　　生产者服务业作为一种知识密集型产业，是基于工业生产进程的细分和中间产品在国际贸易中所占比重逐步增大的基础上，从制造业中分离出来的。它是以高附加值、高技术含量、高收益的形式增加原生产部门最终产成品价值，从而实现价值增值的增长型行业。生产者服务业通常具有知识性、创新性、专业性和协同性的特征。其中人力资本对生产者服务业产生的高附加值、高技术含量中间产品的生产起到至关重要的作用。在本章重点从理论和实证的角度验证了人力资本在生产者服务业发展中起到的至关重要的作用。本书引用卢卡斯的人力资本模型从理论推导出人力资本的重要作用；同时，结合美国生产者服务业，从实证角度研究了美国生产者服务业中人力资本的重要贡献作用，结果发现金融、保险等高科技产业人力资本在其中占有绝对权重。

第四章 美国生产者服务业的现状研究及问题发掘[①]

20世纪90年代起,美国以生产者服务业的快速发展掀起了新经济的浪潮。进入服务经济的美国,生产者服务业对国家经济的发展起到了巨大的推动作用。新经济是以美国十年来经济的持续发展状况为基础而引申出来的一个全新概念。1991～2001年,美国经济经历了119个月的持续增长。这个经济扩张过程是以低通货膨胀率、低失业率、高劳动生产率以及信息技术为代表的高新产业的崛起,极大地推动了美国工业制造部门、服务部门以及流通部门的共同发展。"新经济"一词最早由美国《商业周刊》于1996年12月30日提出,同时指出新经济通过有效地运用知识、智力以及高新技术来提高劳动生产率。这一新型模式的出现降低了劳动成本,抑制了通货膨胀,从而减轻了经济增长与通货膨胀之间的关联度。新经济之所以"新",是因为推动其产生与发展的原动力——生产者服务业中的信息、技术革命具有的全新意义。

第一节 美国新经济得益于生产者服务业的发展

美国新经济是生产者服务业中高素质人力资本发挥作用进而促进生产力提高、经济进步的结果。生产者服务业的发展,不仅可以直接提升一个国家的产业结构,而且作为知识的一个重要载体,生产者服务业还能够有效地把新技术和新知识引入到制造业和其他行业中去,并促进分工的深化,提高制造业和服务业的竞争力。其中生产者服务业与制造业的关系尤其特殊。生产者服务业是与制造业直接相关的配套产业。它是从制造业内部生产服务部门中发展起来的新兴产业。与传统的服务业相比,生产者服务业是一种高智力、高积聚、高成长、高辐射的现代服务业。生产者服务业将服务业中的核心要素——人力资本所创造的高智商的服务产品作为中间品投入到生产制造过程中,从而有效实现以服务业的高速发展为推进

[①] 本章的部分内容发表于《经济与管理研究》2009年第9期。

要素，以促进生产过程的加速循环、运转过程，从而提升最终产成品的技术含量和创新性，实现制造过程中生产力的提高（杨玲，2008）。

美国新经济的出现正是发展生产者服务业的产物。自1990年至1998年的8年时间里，美国GDP增长了26.7%。同时，美国电子和电力装备产业产值增加了224%，机械工业增加了107%，商业服务、通信、流通和交通产业产值的增幅亦均在42%～68%浮动。2000年，美国GDP达到99657亿美元，在世界经济总量中的比重上升到31.54%。美国新经济是以制造业的进步和生产者服务业的共同发展作为持续增长源泉的（见表4-1）。

表4-1 1947~2008年间美国生产者服务业、制造业占GDP比重及贡献率

年份	生产者服务业占GDP的比重	生产者服务业对GDP的贡献率	制造业占GDP的比重	制造业对GDP的贡献率
1947	0.3837	—	0.2559	—
1950	0.3904	0.3622	0.2702	0.4150
1955	0.3903	0.3837	0.2772	0.3895
1960	0.4078	0.4696	0.2534	0.0707
1965	0.4087	0.3783	0.2569	0.3171
1970	0.4180	0.5306	0.2267	-0.0686
1975	0.4266	0.4591	0.2057	0.1366
1980	0.4372	0.4836	0.1995	0.0565
1985	0.4636	0.5614	0.1754	0.0567
1990	0.4743	0.4976	0.1632	0.0630
1995	0.4909	0.5768	0.1591	0.1797
2000	0.5180	0.5158	0.1452	0.0967
2005	0.5201	0.5510	0.1191	0.0716
2008	0.5184	0.4349	0.1148	0.0457
1947~1990	0.4204	0.4969	0.2301	0.0402
1991~2001	0.4993	0.5880	0.1526	0.0834
2002~2008	0.4040	0.4992	0.1208	0.0641
1947~2008	0.4450	0.5053	0.2040	0.0507

资料来源：美国商务部经济分析局（BEA）。

从表4-1中我们可以看出，进入后工业经济的美国生产者服务业在GDP中

所占比重随经济的发展不断上升，与制造业比重不断下滑呈反向趋势。值得注意的是，在美国新经济时期（1991～2001年），生产者服务业对GDP的贡献率58.80%较之前1947～1990年的49.69%和之后2002～2008年的49.92%，以及1947～2008年的平均贡献率50.53%都高，说明在新经济时期生产者服务业较突出地显示了对美国经济增长的促进作用；同时，美国制造业在这个时期的发展也好于同期1991～2001年美国制造业对GDP的贡献率为8.34%，较之前1947～1990年的4.02%，之后2002～2008年的6.41%，以及1947～2008年的平均贡献率5.07%都高。这一现象说明当经济向好时，生产者服务业的发展会促进制造业的进步，同时制造业的提升更增大了对制造业的需求。也就是说，当经济健康、有序发展时，生产者服务业与制造业呈正相关性。

2001年后，当美国经济发展出现明显的放缓迹象时，经济一度下滑至今，如何对其进行深入分析，发现其中的问题所在？本章将立足于生产者服务业，从这一角度运用实证方法对美国生产者服务业中现存问题以及生产者服务业与制造业间融合性进行深入研究。

第二节 美国生产者服务业的问题所在

美国作为世界上服务业最发达的国家之一，2008年生产者服务业占GDP的比例就达到了51.84%。为进一步分析美国生产者服务业在经济增长中的实际作用以及存在的问题，以下我们采用计量方法分析美国服务业中各部分对经济增长的作用以及生产者服务业在本国经济发展中的重要性以及存在的问题。此处采用格鲁伯（Grubel）和沃克（Walker）提出的方法对服务业数据分类。

一、样本数据的选取与模型建立

本书选取时间序列数据进行实证分析，其对样本容量有较高要求。如果样本容量小会使检验方法的功效下降，加大了偏误的产生。根据数据可得性，在本书中选取自1947年至2007年间61个年度的时间序列数据进行实证分析。数据皆来源于美国经济分析局（BEA）和美国劳工部（BLS）的统计网站。生产者服务业的数据是批发、零售、交通和仓储、通信、金融和保险、不动产和租赁、专业性商业服务、技术性服务、企业管理服务、行政管理服务行业的汇总；消费者服务业包括教育、医疗、社会辅助服务、艺术娱乐消遣服务、住房和食品服务的汇总；

政府服务包括联邦政府、州政府和市政府服务的总和。

依据研究方向,在此设定自变量为生产者服务业、消费者服务业和政府服务业。为进一步分析美国服务业,尤其是生产者服务业与制造业间的相互作用,以制造业的年产出作为另外一个自变量。同时,以代表整个国家经济总量的 GDP 来代表美国经济状况,GDP 作为模型中的应变量。基于前文理论分析的基础上,在此确定基本的函数关系为:

$$GDP_t = f(MAN_t, MAP_t, COP_t, GOP_t) + \varepsilon_t \qquad (4-1)$$

其中,GDP 代表美国年度国民生产总值;MAN 代表制造业年度产出;MAP 代表生产者服务业年度产出;COP 代表消费者服务业年度产出;GOP 代表政府服务业年度产出。ε_t 代表误差项,t 代表时间。

Stock 和 Watson(2003)研究结果表明,绝大多数经济时间序列的标准差与其水平值呈近似比例关系,其序列对数的标准差近似为常数。也就是说,如果我们取对数,就可以减少经济时间序列中的异方差存在性。因此,本书对上述变量数据根据前面的分析进行计算和调整后,做对数处理。同时,以 D 表示变量的一阶差分,从而得到本书模型中变量对应的一阶差分对数序列为:DLNGDP、DLNMAN、DLNMAP、DLNCOP、DLNGOP,将式(4-1)变化为:

$$DLNGDP_t = f(DLNMAN_t, DLNMAP_t, DLNCOP_t, DLNGOP_t) \qquad (4-2)$$

为保证检验结果的正确性,在此采用 Dickey 和 Fuller(1981)提出的 ADF 方法与 Phillips 和 Perron(1988)提出的 PP 非参数法进行单位根检验。

二、实证研究

(一)单位根检验

首先应用 ADF 单位根检验本文中原始数据序列 GDP、MAN、MOP、COP、GOP 和取对数经差分后的新变量 DLNGDP、DLNMAN、DLNMOP、DLNCOP、DLNGOP 进行 ADF 单位根检验结果如下(见表 4-2)。

表 4-2 样本数据单位根 ADF 检验

变量名	检验形式	ADF 值	临界值(5%)	PP 值	临界值(5%)	结论
GDP	(W, T, 1)	2.476184	−3.4875	4.269452	−3.4862	不平稳
DLNGDP	(W, T, 1)	−4.173454	−3.4875	−6.037793	−3.4862	平稳
MAN	(W, T, 1)	−1.544258	−3.4849	−1.441361	−3.4849	不平稳

续表

变量名	检验形式	ADF 值	临界值（5%）	PP 值	临界值（5%）	结论
DLNMAN	(W, T, 1)	−4.601857	−3.4875	−8.169956	−3.4862	平稳
MOP	(W, T, 0)	5.816526	−4.1162	4.713947	−3.4849	不平稳
DLNMOP	(W, T, 0)	−4.699719	−3.4862	−4.699719	−3.4862	平稳
COP	(W, 0, 0)	29.69022	−2.9101	29.69022	−3.5417	不平稳
DLNCOP	(W, 0, 0)	−4.123835	−2.9109	−4.123835	−2.9109	平稳
GOP	(W, T, 1)	1.411206	−3.4875	2.182476	−3.4849	不平稳
DLNGOP	(W, T, 1)	−4.778476	−3.4875	−5.763141	−3.4862	平稳

注：W 表示常数项，T 表示时间趋势，N 表示滞后期，滞后期由 AIC、SC 确定。其中常数项（W）、趋势项（T）的确定方法是：先检验时间序列中含有趋势项和常数项的情形，若包含单位根，则进一步检验只含有常数项不含有趋势项的情形；若仍含有单位根，则进一步检验不含有常数项和趋势项的情形。

从图 4-1 中对设定模型中的原始时间序列做单位根检验后发现均存在单位根，即时间序列不平衡。同时对经过差分、取对数后的变量做检验后发现各序列对应的 ADF 值、PP 值小于 5% 的临界值，说明现有的时间序列已去时间趋势，其呈现出平稳性。

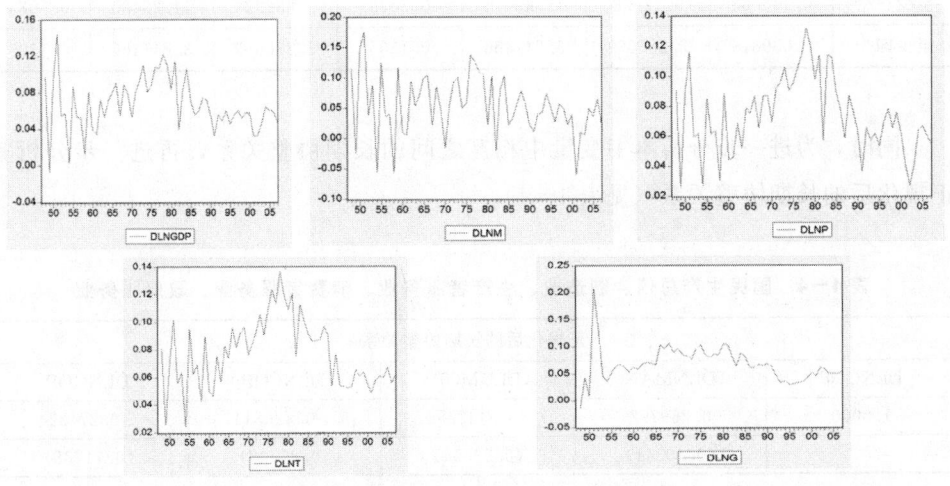

图 4-1　模型各变量稳定序列波动图

（二）变量间协整及长期协整关系分析

根据各变量的年度数据，在此采用结构模型[①]建立方法（Structural Approach）中的向量自回归（Vertor Auto-Regression，VAR）模型分析系统变量间的相关性。首先我们需确定协整检验的向量自回归模型的滞后阶数，并且保证误差扰动项近似白噪声。在此以赤池信息准则（AIC）和施瓦茨准则（SC）以及最大似然比（LR）作为确定最优滞后阶数的标准。同时，为保证结果的准确性，运用拉格朗日乘子统计量（LM）对残差序列的自相关问题。依据以上标准系统协整检验滞后阶数的最优滞后期为2期。迹检验表明，在5%的显著性水平上，国民生产总值、制造业、生产者服务业、消费者服务业、政府服务业间存在一个协整方程，而最大特征值检验的结果表明以上变量间没有协整方程存在（见表4—3）。

表4—3　国民生产总值、制造业、生产者服务业、消费者服务业、政府服务业

原假设协整方程数目	Johensen协整检验的结果						
	特征值	迹统计量	5%临界值	P值	最大特征值	5%临界值	P值
没有	0.431781	77.33902	69.81889	0.0111	32.21913	33.87687	0.0778
至少一个	0.333435	45.11989	47.85613	0.0844	23.12022	27.58434	0.1684
至少二个	0.202179	21.99967	29.79707	0.2985	12.87468	21.13162	0.4638
至少三个	0.113063	9.12988	15.49471	0.3539	6.838928	14.26460	0.5084
至少四个	0.039313	2.286059	3.841466	0.1305	2.286059	3.841466	0.1305

同时，为进一步分析本书变量中相互之间的长期协整关系，再进一步分析其正规化后的长期协整关系（见表4—4）。

表4—4　国民生产总值、制造业、生产者服务业、消费者服务业、政府服务业

正规化后的长期协整关系				
DLNGDP	DLNMAN	DLNMOP	DLNCOP	DLNGOP
1.0000	0.269792	−0.437355	−0.420811	−0.274324
	(0.10341)	(0.29594)	(0.25743)	(0.11738)

注：以上括号中的数据表示相应变量估计系数的标准误。

[①] 针对本书模型中的残差也进行了平稳性、自相关性和正态性的检验。由于篇幅有限，在此不详列。

由上面协整检验结果可以看出，从长期来看，美国国内的经济增长与本书中所涉及其他变量间都呈正相关的关系。也就是说，美国 GDP 每增长 1% 时，随之出现的是生产制造业下降了 0.27%，其并未出现同时期的增长。相反，美国国内的服务业——生产者服务业、消费者服务业和政府服务业的发展促进了 GDP 增长，长期弹性分别为 0.43、0.42、0.27。其中生产者服务业对美国经济增长的长期弹性最大。这说明从长期的变化状态来看，随着美国国民经济的快速发展，后工业经济的到来，其国内经济增长的重心已不再是生产制造业，取而代之的是由服务业的发展来促进经济的快速增长。说明随着美国服务业发展的不断深化，制造业呈逆向发展，即服务业的日益兴盛与制造业的衰落形成对比。其中生产者服务业和消费者服务业的长期弹性近似。生产者服务业对经济增长的弹性与消费者服务业对经济增长的弹性近似。这也说明美国在制造业于 20 世纪 80 年代大量向海外转移后，在美国国内，作用于生产者服务业的部分并没有增加；相反，服务业更多地投向消费者服务业的发展。美国次贷危机就是由金融业对消费者房产迅速融资的一个结果。

（三）Granger 因果检验

为进一步对比、分析美国实体经济与虚拟经济间内在价值体系的因果关系，针对差分检验后的平稳时间序列先对我国的样本变量数据作 Granger 因果检验以分析其内在因果关系（见表 4—5）。

表 4—5 国民生产总值、制造业、生产者服务业、消费者服务业、政府服务业存在 Granger 因果检验结果[①]

原假设	F 值	P 值	结论
DLNGDP 不是 DLNG 的 Granger 因	11.3278	8.0E−05	拒绝
DLNM 不是 DLNG 的 Granger 因	6.23306	0.00371	拒绝
DLNP 不是 DLNG 的 Granger 因	8.15454	0.00082	拒绝
DLNT 不是 DLNG 的 Granger 因	6.23945	0.00369	拒绝

从表 4—5 中我们可以看出，美国国民经济发展是政府服务业的 Granger 因，说明美国经济的发展加快了政府服务业的进步；除经济增长是政府服务

---

① 因篇幅所限，在此仅列出经 Granger 因果检验后存在因果关系的各变量间结果。

的原因外，制造业、生产者服务业和消费者服务业都成为政府 Granger 因果检验的因。这一结果说明美国政府近年来加大政府机构的建立，相应地许多政府型研究机构也成为政府服务中重要的部分。但以上 Granger 检验的结果并未显示出美国制造业与生产者服务业之间的 Granger 因果关系。也就是说，美国作为当今世界服务业最发达的国家之一，生产者服务业作为最初从制造业中分离出来以独立产业发展起来的服务业中的重要部分，其最初的目的是为生产过程提供低成本、高价值的中间产品，并进一步以投入品的形式进入生产以完成整个生产过程，从而实现最终产成品的价值增值，加快生产、流通过程，为生产的更快发展提供高效服务。但实际的发展并不如此，以上我们已经就美国数据做实证的结果表明，当前作为服务业最发达的美国服务业没有将中间品全部再投入到生产过程中，而是逐渐开始表现出脱离了原有的母体——生产制造业而发展的迹象。也就是说，美国生产者服务业来源于制造业，但问题是现有的生产者服务业并未很好地实现回归，没有将高效的生产者服务业中间产成品全部再投入到生产过程中，即两者的融合和互动性呈减弱趋势。相反，美国经济的发展现状表明：制造业在日见下滑，服务业尤其是金融业发展迅速，单这一项产业自 2002 年以来在 GDP 中所占比重就始终高于 20%（见图 4—2）。同时，从以上结果我们可以看到发达的服务业中同时包括权重与生产者服务业近似的部分——消费者服务业，尤其是近年来美国国内的房贷热成为消费者服务业中的重要部分。

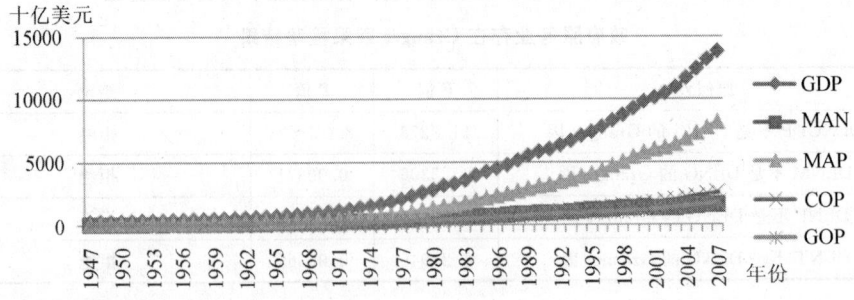

图 4—2　1947～2007 年美国 GDP、MAN、MAP、COP、GOP 走势

资料来源：美国经济分析局（BEA），经笔者统计得来的数据绘制。

但与生产者服务业不同，消费者服务本身是为消费者提供更舒适、更惬意的生活。而就消费本身来说，这个过程并不能实现价值增值，而只能实现商品的使用价值。这一点是与生产制造过程不相同的①。美国的次贷危机就起源于房贷市场,即消费者服务业的过度膨胀。

第三节　美国生产者服务业与制造业关系研究

本书为避免因人为划分,从特定服务部门出发分析而导致无法全面反映美国生产者服务业状况及现存问题,在此采用投入产出表数据分析方法来做实证研究。

投入产出分析法是瓦西里·列昂惕夫（W. Leontief）的首创,以产品部门分类为基础的"棋盘式"平衡表,用于反映国民经济各部门的投入和产出、投入的来源和产出的去向,以及部门与部门之间相互提供、相互消耗产品的错综复杂的技术经济关系。通常用来分析国民经济部门间的经济联系。投入产出表包括中间使用、最终使用、附加值和收入再分配四个部分。对于单个部门和国民经济整体来说,总产出＝总投入,即中间品部分＋最终使用部分＝中间投入＋增加值。

在此,采用美国经济分析局网站数据,1997年、2002年、2007年投入产出表来做实证分析。这三个时间点的选择包括以下含义:一方面,1997年的投入产出表正好反映美国新经济时期（1991～2001年）生产者服务业的发展状况;另一方面,2002年的投入产出表正好反映了美国经济从新经济时期向经济开始出现衰退时的拐点处的状况;同时本书选取了2007年的投入产出表,这一时期正反映了美国金融危机爆发前夕服务业的发展状况。因此,本书中数据的选取具有一定的典型性和代表性。本书中的投入产出表包括15个产业部门,其中制造业以一个总体行业的形式出现,从而便于行文中的分析;生产者服务业包括6个行业,即批发贸易、零售贸易、交通和仓储业、信息业、金融和保险业以及不动产和租赁、专业性和商业性服务业;同时,为便于分析美国生产者服务业的状况,在本书中同时引进消费者服务业和政府服务业的数据与生产者服务业状况进行比照分析。其中,消费者服务业包括教育及健康和社会辅助服务、艺术及娱乐和专利及住宿和食品服务、其他服务;政府服务业以一个总量形式出现。

---

① 马克思认为生产制造过程是一个实现商品价值和增值的过程。

一、纵析美国生产者服务业的总体状况

美国生产者服务业在所有产业中所占比重的变化状况见表4-6。

表4-6 1997年、2002年、2007年美国制造业、生产者服务业占所有产业产出比重

比例 年份	制造业产出在所有产业产出中所占比重	生产者服务业的产出在所有产业产出中所占的比重	生产者服务业的产出在第三产业产出中所占比重	消费者服务业在第三产业产出中所占比重	政府服务业在第三产业产出中所占比重
1997	0.668715	0.361068	0.701114	0.182413	0.116471
2002	0.656319	0.453313	0.644862	0.193606	0.161531
2007	0.678814	0.465529	0.659376	0.180705	0.159919

从表4-6中我们可以看出,美国1997年、2002年、2007年中制造业的产出在所有产业中所占比重,1997年为66.87%,显示了新经济中的美国制造业的发展;2002金美国制造业所占比例有1.85%的下降,而金融危机前美国制造业显示出增长3.43%的短暂性危机前繁荣。与制造业在产业中所占比重的波动相比,美国生产者服务业所占比重呈不断上升的趋势,从1997年生产者服务业在所有产业中所占比例36.11%,上升到2002年的45.33%,涨幅达25.54%,2007年这一比例持续上升达到46.55%,有2.69%的增长;为进一步分析美国生产者服务业在第三产业产出中所占比例的变化,我们从表4-6中可以看出1997年这一比例达到70.11%,显示了美国新经济时期生产者服务业在服务业中的显著地位,这一比例在五年后有-8.02%的变化,2007年又稍有回升达到65.94%。同时,消费者服务业的变化状态与生产者服务业雷同,即2002年较1997年稍有上升后,于2007年又显示出下降趋势;尤其值得一提的是,美国政府服务业的比重自1997年至2002年有38.68%的增长,虽然2007年较2002年有0.99%的下降,但较1997年的水平来看,还是有37.30%的增长。

从美国1997年、2002年和2007年三个关键年份的变化趋势来看,制造业在所有产业中所占比重总体呈稳定状态,生产者服务业及服务业总体还是呈现出上升、增长趋势。这也是后工业经济美国大力发展服务业的结果。

为进一步分析美国生产者服务业的特点,在此采用投入产出表中的系数做实证分析。

中间需求率(h_i),即某一产业的中间需求率,是指各产业对某产业产品的中

间需求之和，与整个国民经济对该产业部门产品的总需求之比。这个指标反映了各产业部门的总产品中有多少作为中间产品，即原材料为各产业所需求。中间需求率越高，表明该产业部门就越带有原材料产业的性质。

$$h_i = \sum_{j=1}^n x_{ij} / (\sum_{j=1}^n x_{ij} + Y_i) \tag{4-3}$$

其中，$\sum_{j=1}^n x_{ij}$ 和 Y_i 分别代表国民经济各行业对第 i 产业的中间需求和最终需求。

中间投入率（f_i）是指该产业部门在一定时期内（通常为一年），生产过程中的中间投入与总投入之比。中间投入率指标反映各产业在自己的生产过程中，为生产单位产值的产品需从其他各产业购进的原料在其中所占的比重。所以，某产业的中间投入率越高，该产业的附加价值率就越低，高"中间投入率"产业就是低附加价值率产业部门，反之亦然。

$$f_i = \sum_{i=1}^n x_{ij} / (\sum_{i=1}^n x_{ij} + N_j) \tag{4-4}$$

其中，$\sum_{i=1}^n x_{ij}$ 和 N_j 分别代表国民经济中第 j 产业的中间投入和增加值。

下面我们来研究美国生产者服务业中间需求率（h_i）、中间投入率（f_i）变迁的特点。具体数据见表 4—7。

表 4—7　1997 年、2002 年、2007 年美国生产者服务业及各细分产业的中间投入率

时间 中间投入率	1997 年	2002 年	2007 年
生产者服务业的中间投入率	0.361068764	0.362605600	0.401017
批发业中间投入率	0.384463035	0.273418719	0.336756
零售业中间投入率	/	0.306505701	0.350053
交通业中间投入率	0.492677586	0.471656348	0.478891
信息业中间投入率	0.451582043	0.529353959	0.577485
金融和保险、不动产中间投入率	0.314863224	0.321044835	0.379354
专业性和商业性服务业的中间投入率	0.299179117	0.381756975	0.379184
消费者服务业的中间投入率	0.404808281	0.417665427	0.418127
政府服务业的中间投入率	0.073940207	0.376583512	0.401870

注：因 1997 年美国投入产出表的统计口径与 2002 年、2007 年略有不同，其不含有批发业、零售业，以贸易业代替。在表中 1997 年批发业中间投入率实为 1997 年贸易业中间投入率，零售业中间投入率为空缺。

从表 4-7 中我们可以看出，美国生产者服务业的中间投入率在 1997 年、2002 年和 2007 年均有增长，尤其是 2007 年较 2002 年相比，增幅达到 10.59%，说明美国生产者服务业整体呈现向低附加值、高带动性的产业变化；同时，美国批发业的中间投入率 2002 年呈下降趋势，由 0.38 降至 0.27，但 2007 年时又恢复至 0.34，说明美国批发业也呈向低附加值、高带动性产业转变。同样的情形适用于美国交通业、信息业、金融、保险、不动产、专业性和商业性服务业的变化状况。

因此，总体来说，随着美国国内服务业发展的进一步深化和扩张，美国生产者服务业整体以及内部所包含的各产业均向低附加值、高带动能力的产业方向转变。同时，为进一步分析美国生产者服务业中间需求率的变化趋势，在此对美国 1997 年、2002 年、2007 年的投入产出表再计算生产者服务业中间需求率（见表 4-8）。

表 4-8　1997 年、2002 年、2007 年美国生产者服务业及各细分产业的中间需求率

时间 中间需求率	1997 年	2002 年	2007 年
生产者服务业的中间需求率	0.487841	0.52276428	0.541109
批发业中间需求率	0.290272	0.47332364	0.480763
零售业中间需求率	/	0.10746932	0.113149
交通业中间需求率	0.556726	0.66954432	0.642431
信息业中间需求率	0.467360	0.58515792	0.615227
金融和保险、不动产中间需求率	0.408127	0.42520852	0.456482
专业性和商业性服务业的中间需求率	0.309091	0.81643339	0.820114
消费者服务业的中间需求率	0.139733	0.15170375	0.152955
政府服务业的中间需求率	0.073468	0.04118038	0.035747

注：因 1997 年美国投入产出表的统计口径与 2002 年、2007 年略有不同，其不含有批发业、零售业，以贸易业代替。在表中 1997 年批发业中间需求率实际为 1997 年贸易业中间投入率，零售业中间需求率为空缺。

从表 4-8 中我们可以看出，美国生产者服务业的中间需求总体呈增加趋势，其中生产者服务业下属的各产业的中间需求率均呈增长趋势，其中以政府服务业

的中间需求率除外,说明美国生产者服务业的发展更多依靠的是中间需求。这一结果同样适用于消费者服务业,即自 1997 年、2002 年和 2007 年三个时间点上,美国消费者服务业也更多依靠中间需求,并向这个方向发展。而美国政府服务业的中间需求率在 1997 年、2002 年、2007 年三个时间点呈不断减小的趋势,说明政府服务业的需求与其他服务业相反,其产业的发展更多依靠最终需求,其中尤以专业性和商业性服务业的中间需求增长最为显著。

美国生产者服务业的中间需求率也呈动态增大发展状态,表明这个产业的发展更多依靠中间需求,而不是最终需求,从而突出了生产者服务业更多被中间需要所要求,这一特点与美国消费者服务业的变化雷同,而与政府服务业的变动方向相反。

二、美国生产者服务业与制造业的互动关系

生产者服务业作为从制造业中分离出来的一个产业,其与制造业的互动和融合作用是必不可少的。为进一步分析美国生产者服务业与制造业间的相互作用关系,在此我们仍采用用于分析产业间关系的投入产出表来研究两者间的融合作用。

(一)美国生产者服务业与制造业融合互动性分析

分析生产者服务业与制造业之间的融合性时,在此使用四个指标来分析两者间的融合度。第一个指标是制造业对生产者服务业的投入率,反映制造业的产出投入到生产者服务业中的比率。第二个指标是被制造业消耗的生产者服务业需求率,表示生产者服务业的总产出中有多少是被制造业消耗的。这一指标也是测量实践中制造业真正消耗的生产者服务业的比率。这是生产者服务业在制造业中作用的实际消耗量度。在实践中,这个指标多被理解为制造业对生产者服务业发生作用的重要形式。第三个指标是制造过程中生产者服务业的投入率,反映制造业的总投入中究竟有多少来自生产者服务业的产出。这一指标是用于衡量生产者服务业在实践中对制造业贡献度的关键性量化数据。生产者服务业是从制造业中分离出来以独立产业的形式存在,而生产者服务业对制造业的投入正说明了这一独立化后的产业中有多少比率是真正作为促进生产发展的有利因素转化到制造业中去的。在实践中,它往往被看做生产者服务业对制造业产生影响的形式。第四个指标是被生产者服务业消耗的制造业需求率,用来表示制造业总产出中有多少被生产者服务业消耗的;指标一、指标二是从投入和消耗角度衡量制造业融合于生

产者服务业的程度，指标三、指标四是从消耗和投入角度衡量生产者服务业融合于制造业的程度（见表4-9）。

表4-9 1997年、2002年、2007年美国生产者服务业与制造业及生产者服务业与消费者服务业融合性状况分析

时间 融合度指标	1997年	2002年	2007年
生产者服务业对制造业的中间投入率	0.208866	0.209808	0.199656
制造业对生产者服务业的中间投入率	0.049632	0.036721	0.041552
生产者服务业对消费者服务业的中间投入率	0.231445	0.195679	0.248548
消费者服务业对生产者服务业的中间投入率	0.018156	0.019907	0.02152
生产者服务业对制造业中间需求率	0.092853	0.082296	0.114269
制造业对生产者服务业的中间需求率	0.033066	0.092953	0.069696
生产者服务业对消费者服务业的中间需求率	0.066134	0.056361	0.003218
消费者服务业对生产者服务业的中间需求率	0.060357	0.098337	0.058745

从表4-9中美国1997年、2002年、2007年各项指数比较的结果来看，2002年时美国生产者服务业对制造业的中间投入率加大0.45%，而这一比例在2007年下降了4.84%。考虑到本书前部分提到选择这三个时间点的特殊性，1997年代表美国新经济繁荣时期的生产者服务业对制造业的中间投入率达到0.209，2002年时美国经济处于向经济衰退的过程中转变，但生产者服务业对制造业的中间投入率仍达到0.210。但特殊之处在于2007年时这一比例没有上升，相反生产者服务业对制造业的中间投入率较2002年下降了4.83%，达到19.97%。这正说明了美国生产者服务业的变化过程趋势，即生产者服务业的发展逐步与其脱胎的母体——制造业分离，生产者服务业作为促进制造业发展的重要贡献因子，随着美国国内服务业的发展，这一比例呈现出下降趋势；与之相仿，制造业对生产者服务业的中间投入率也呈现出下滑态势，说明美国生产者服务业在所有产业产出中所占比重不断增加的同时，实际上投入到制造业中的部分在下降，由此也引起美国生产者服务业对制造业的中间需求以及制造业对生产者服务业的中间需求的增长；但与生产者服务业与制造业的融合性减弱的趋势相比，美国生产者服务业与

消费者服务业的融合性呈良性变化趋势，虽然2002年时这一比例稍有下降，但2007年时生产者服务业对消费者服务业的中间投入率增加，同时消费者服务业对生产者服务业的投入率也增长了，与之相对应，生产者服务业对消费者服务业的中间需求率以及消费者服务业对生产者服务业的中间需求也不较先前那样强烈了，因此呈现下降趋势。

因此，从对表4—9的分析中，我们发现美国生产者服务业变迁的一个重要特点，即美国生产者服务业实际上与制造业的融合度在下降。相反，其与消费者服务业的融合度在上升。这就是说，在美国产业产出中所占比例日益加大的生产者服务业（从表4—6中得知）实际的发展变迁是与制造业在不断分离，而与消费者服务业的融合在加强。这里，我们需要明确一个概念，即马克思认为，创造价值的唯一源泉是劳动。价值和价值增值是在生产过程中产生的，而消费过程中无价值增值产生。也就是说，美国生产者服务业减少对制造业的投入率，而加大对消费者服务业的投入，实际上是减少了创造价值的机会，而导致制造业日渐衰落的现象发生。

（二）美国生产者服务业融入制造业、消费者服务业和政府服务业后各自的价值创造能力分析

为进一步分析我国生产者服务业价值创造能力，以下我们借鉴胡晓鹏、李庆科（2009）运用的方法，依据做简化处理后的产业价值创造力计算公式，不考虑地区资本及构成状况，直接按照收入核算的方法，不再包含中间投入、固定资产折旧和劳动力报酬的剩余产业产值存量作为价值创造总量，具体的计算公式如下：

$$VV_j = (E_j + T_j)/Q_j \qquad (4-5)$$

其中，VV_j表示j产业的价值创造能力，E_j表示j产业企业盈余总量，T_j表示j产业的生产税净额，Q_j表示j产业的总产值。VV_j越大，j产业的价值创造能力就越强。在本书中系数1表示因生产者服务业融合于制造业引起的制造业价值创造能力的变化；系数2表示因制造业融合于生产者服务业导致的生产者服务业价值创造能力的变化；系数3表示因生产者服务业融合于消费者服务业导致的消费者服务业价值创造能力的变化；系数4表示因生产者服务业融合于政府服务业导致的政府服务业价值创造能力的变化。这四个系数分别用来表示生产者服务业与制造业、消费者服务业和政府服务业实现融合后所产生的价值创造能力的变化程度（见表4—10）。

表4-10 1997年、2002年、2007年美国制造业、生产者服务业、消费者服务业、政府服务业价值创造能力变化

时间 价值创造 能力指数	1997年	2002年	2007年
系数1	0.1404137	0.1238025	0.1286101
系数2	0.3591508	0.3351132	0.3193078
系数3	0.1621531	0.1611167	0.1903781
系数4	0.1619870	0.0932484	0.0911433

从表4-10中我们可以看出，美国1997年、2002年、2007年生产者服务业、制造业、消费者服务业、政府服务业价值变化的趋势。从系数1的变化来看，美国生产者服务业融入后制造业价值创造能力在不断下滑，虽然2007年较2002年相比，这一比例略有上升，但与1997年相比，其制造业的价值创造能力呈8.40%的下降。说明美国发达后的生产者服务业并没有对制造业的创造能力起到提升的作用。同样的情形出现在系数2的变化趋势上，融合了制造业后的生产者服务业实际的价值创造能力也在下降，而不是上升。以上系数1、系数2的变化明显说明美国制造业与生产者服务业两者呈分离发展状态后对双方都没有起到正向促进作用，相反，两者的创造能力都在减弱。这也从实践的数据分析中告诉我们，生产者服务业作为从制造业中分离出来、以专业化形式存在的产业应该实现与制造业融合互动发展才是其正确的方向。同时，融入生产者服务业的政府服务业也呈现出价值创造能力下降的态势，这一变化趋势的理解需要与表4-10的政府服务业的中间需求率联系起来。因为从1997年、2002年、2007年美国投入产出表中政府服务业的中间需求率来看，这一产业的发展呈现为最终需求，也就是政府服务业倾向于最终产品，而不是中间产品。与系数1、系数2、系数4所不同的系数3表现出相反的变化方向，即融入生产者服务业后的消费者服务业价值创造能力增强。这也是美国2002年之后服务业发展中所表现出的一个特殊之处，说明美国经历了新经济的增长，经过2002年经济下滑后，消费者服务业中出现的一个明显的变化之处。系数3由1997年的16.22%变化至2002年的16.11%，以及2007年的19.04%，尤其2007年的涨幅达到18.16%。

从1997年、2002年、2007年三个时间点上来看，美国制造业、生产者服务业、政府服务业价值创造能力皆呈下滑趋势，消费者服务业的价值创造能力却表

现出增长趋势。这一现象是很特殊，需要特别留意之处。本书中涉及的美国消费者服务业包括教育、医保、社保、艺术、娱乐、创新、住宿和食品服务。其中尤其住宿在美国炙手可热的金融市场上成为促进经济增长的新一轮增长点。Efraim Benmelech 和 Jennifer Dlugosz（2009）分析了抵押贷款担保 CLO（Collateralized Loan Obligation）是美国金融市场上发展最快、所占份额最大的部分。这一部分贷款正是消费者住房抵押贷款，属于消费者服务业的统计内容。Atif Mian 和 Amir Sufi（2008）分析了 2005~2007 年美国抵押贷款的快速增加导致了大量住房价格的上升和之后的抵押住房违约。他们详细分析了美国消费者住房抵押贷款的变化与不同。美国 2001~2005 年的抵押贷款与 20 世纪 90 年代中期的情形有区别。抵押贷款代理人隐瞒住房贷款人收入的负增加，从而畸形地增加了房屋贷款人的需求，促使房价不真实上涨。这一业务的运作又进一步激发了 2005~2007 年更大规模的抵押贷款需求。这也是我们从表 4-5 中所观察到的，因美国生产者服务业（在这里特指金融业）的融入促使消费者服务业价值创造能力增长的原因。而这一增长却成为 2008 年美国次贷危机的导火索。当然，关于美国次贷危机的爆发还有许多更重要的原因，但这里我们仅从生产者服务业的分析角度出发，解析生产者服务业的变化趋势与以往的不同。这也同时说明美国生产者服务业与制造业的分离对于经济的长期发展是不利的。因为生产者服务业对制造业中间投入率的下降（从表 4-9 中可以看出），会导致制造业价值创造能力的下滑（从表 4-10 中可以看出）。从美国制造业中心——底特律汽车城被废弃的现象就可见一斑。同时，将生产者服务业过多地融入消费者服务业，由此带来的收益实际上并不理想。不仅制造业的价值创造能力下滑，生产者服务业，甚至政府服务业的价值创造能力都有下降趋势，可谓得不偿失。

通过表 4-10 对美国 1997 年、2002 年、2007 年融入生产者服务业后制造业、消费者服务业、政府服务业以及融入制造业后生产者服务业的价值创造能力的计算结果来看，2002 年以后美国生产者服务业更多向消费者服务业的融入其实从价值创造的角度来看并不理想。这也是当前美国生产者服务业中现存的问题所在。从另一个角度向我们昭示出生产者服务业应该更多地与制造业有机地融合才是促进经济向良性循环方向转变的策略。

（三）美国生产者服务业、制造业、消费者服务业感应力、影响力系数研究

感应力系数和影响力系数是对产业的相互波及作用进行动态分析的一个有力工具。感应力、影响力均较高的产业部门，在经济发展中具有更为重要的主导

地位。

感应力系数（δ_i）是指国民经济中其他部门增加一个单位最终产品时，某一个产品部门由此而受到的需求感应程度，也就是需要该部门为其他部门的生产而提供的产出量。感应度系数越大，该部门所受到的需求压力越大。其计算公式为：

$$\delta_i = (1/n \sum_{j=1}^{n} b_{ij}) / (1/n^2 \sum_{i=1}^{n} \sum_{j=1}^{n} b_{ij}) \quad (i, j = 1, 2, \cdots, n) \qquad (4-6)$$

其中，b_{ij} 为 $[I-b]^{-1}$ 中第 i 行第 j 列的系数，即投入产出表中的完全消耗系数矩阵的系数。

$\delta_i > 1$，表示该部门所受到的感应程度高于社会平均水平，即国民经济其他部门增加单位最终需求时，该部门应增加更多单位产出。换言之，该部门增加产出有助于缓解其对国民经济均衡增长的"瓶颈"制约作用，因此也称"前相关联系数"。

影响力系数（λ_j）是指国民经济某一个产品部门增加一个单位最终产品时，对国民经济各部门所产生的生产需求波及程度。影响力系数越大，该部门对其他部门的拉动作用也越大。其计算公式为：

$$\lambda_j = \frac{(1/n \sum_{i=1}^{n} b_{ij})}{(1/n^2 \sum_{j=1}^{n} \sum_{i=1}^{n} b_{ij})} \quad (i, j = 1, 2, \cdots, n) \qquad (4-7)$$

$\lambda_j > 1$，表示该产业部门产出的增加对其他产业部门产出的影响程度超过社会平均水平。影响力系数越大，该产业部门对其他产业部门的带动作用越大，对经济增长的影响越大，因此也称"后相关联系数"。

表4—11 1997年、2002年、2007年美国制造业、生产者服务业、消费者服务业和政府服务业感应力系数、影响力系数

时间 部门	1997年		2002年		2007年	
	δ_i	λ_j	δ_i	λ_j	δ_i	λ_j
制造业	2.25019	1.33994	2.45229	1.31635	2.40715	1.27756
批发贸易业	0.90173	0.92245	0.90653	0.83228	0.88527	0.86137
零售贸易业	—	—	0.64641	0.86573	0.61895	0.88247
交通和仓储业	0.97040	1.06217	0.98889	1.05023	0.90576	1.01087
信息业	0.82021	0.99536	1.00210	1.12295	0.98766	1.13189

续表

时间 部门	1997年 δ_i	1997年 λ_j	2002年 δ_i	2002年 λ_j	2007年 δ_i	2007年 λ_j
金融、保险、不动产、租赁业	1.37803	0.84211	1.60650	0.86297	1.62729	0.88918
专业性和商业性服务	1.53392	0.83870	1.93944	0.94817	1.89358	0.90856
教育服务、健康服务、社保服务	0.56846	0.93842	0.59338	0.95996	0.56450	0.92803
艺术、娱乐、专利、住宿和食品服务业	0.65989	1.03359	0.69803	1.05317	0.66668	1.00283
其他服务	0.67276	0.97928	0.72023	1.04835	0.68283	1.02557
政府服务业	0.61806	0.63525	0.61904	0.95952	0.58365	0.94789

注：因1997年投入产出表统计口径的不同，1997年的生产者服务业部门中不包括批发贸易业和零售贸易业，在此以贸易业代表并填写在批发贸易业空格内，将零售贸易业留空。1997年投入产业表中不包括艺术、娱乐、专利、住宿和食品服务业，代替性的相应部门名称为休闲和食宿。在此表中为统计方便，将1997年美国休闲和食宿部门的感应力系数和影响力系数填写在艺术、娱乐、专利、住宿和食品服务业项目栏内。

从表4-11中我们可以看出，美国制造业的感应力和影响力系数均大于1，说明制造业不仅受到其他产业产出的更大需求，同时制造业的影响力系数也大于1，说明制造业对其他产业部门也有很强的带动作用。也就是说，美国制造业在国家经济发展中具有重要的主导地位。与1997年、2007年的情形相比较，2002年美国信息业的感应力系数、影响力系数分别为1.00和1.12。两者均大于1，说明美国信息业在其中发挥着主导性产业的作用。与其他产业相比，美国金融、保险、不动产和租赁业的感应力系数和影响力系数在1997年、2002年和2007年时均呈上升趋势，说明这一产业在国家经济中的重要性在不断增强；而专业性和商业性服务业、教育服务和健康服务以及社保服务的感应力系数、影响力系数在2002年较1997年均有上升后，于2007年时均有不同程度的下降。由此说明2007年时美国制造业以及服务业各部门的需求和带动作用除金融、保险、不动产和租赁业在不断上升外均呈现小幅下降趋势，说明美国经济在大力发展金融、保险、不动产和租赁业的同时，经济整体有下滑趋势，从而也说明以金融、保险、不动产和租赁业为提升重点产业时，实际上是无益于整个经济的健康发展，相反呈现出各产业较低的需求和带动作用。

第四节 本章小结

经过以上对美国 GDP、制造业、生产者服务业、消费者服务业和政府服务业各变量的实证分析，对美国生产者服务业现存问题小结如下：

（1）美国拥有世界最先进的生产者服务业，但目前生产者服务业的发展并没有促进美国制造业的发展，这也正是美国实体经济与虚拟经济发展背离的一个集中表现。这一状态的进一步深化成为最终促发美国金融危机的原因之一。代表两者的变量间并未表现出 Granger 因果联系。美国发达的生产者服务业未实现与制造业的融合和互动，相反两者呈现出独立发展的分离状态。

（2）经 Johensen 长期均衡检验表明：美国经济增长的促进因素来源于服务业，包括生产者服务业、消费者服务业和政府服务业。在后工业经济时代促进美国经济增长的动力源不再是制造业。美国制造业状况日益严峻，如底特律汽车城的废弃。失去制造业这一母体的生产者服务业的发展也被盛行一时的消费者服务业（尤其是消费者房贷市场）追赶。正规化长期协整关系表明引发美国 GDP 增长的因素中生产者服务业与消费者服务业的长期弹性分别为 0.43 和 0.42。

也就是说，美国发达的生产者服务业面临的突出问题是生产者服务业与制造业的背离，融合了人力资本的生产者服务业渐趋减慢向制造业的中间投入和价值创造能力。与之相对，美国生产者服务业中发展迅速的金融业却在消费者服务市场上异常活跃，美国生产者服务业与制造业的背离正是美国当前生产者服务业中存在的问题，并最终导致了因信用缺失问题引发的 2008 年美国金融危机。

运用 1997 年、2002 年、2007 年美国投入产出表分析美国国内制造业以及服务业的发展状况，其中围绕生产者服务业这一重点，通过与制造业、消费者服务业和政府服务业的对比分析，得出以下结论：

（1）美国制造业在所有产业中所占的比重呈稳定状态，说明制造业仍然是国民经济中重要的组成部分，美国生产者服务业成为各产业中增长最快的部分。同时，政府服务业的涨幅相对较大。美国生产者服务业及内部各部门均向低附加值、高带动能力的产业方向转变。同时，生产者服务业的发展更多依靠的是中间需求。

（2）尤其值得一提的是，美国生产者服务业变迁的过程中有一个非常重要的特点，生产者服务业减少了对制造业的投入率，而加大了对消费者服务业的投入。即生产者服务业与制造业的融合度有下降趋势。相反，生产者服务业与消费者服务业的融合度在上升。也就是说，从制造业中分离出来的美国生产者服务业在产业中比重不断加大的同时，逐渐增加的部分未投入到制造业中，而是投入到消费者服务中。

（3）美国制造业虽仍在国家经济发展中具有重要的主导地位，对其他产业的发展具有带动和被需求的作用，但除美国金融、保险、不动产和租赁业的感应力系数和影响力系数不断增加以外，其他产业的相互带动和需求关系都在下降，这也说明美国在大力发展生产者服务业中金融、保险、不动产和租赁业的结果是制造业和生产者服务业以及消费者服务业和政府服务业的产业关联度下降。说明过度重视发展金融、保险、不动产和租赁业这一虚拟经济[①]无助于增强整个经济中各产业间的关联度，相反减弱了与制造业的供给、需求关系。

---

① 成思危对虚拟经济的界定是："虚拟经济是指虚拟资本以金融系统为主要依托的循环运动有关的经济活动，简单地说就是直接以钱生钱的活动（2003）。"在现代经济中，它主要指金融业。虚拟经济不仅包括证券业、资本市场，也包括货币市场，而且包括银行业、外汇市场等，是一个涵盖金融业的概念。

第五章　我国生产者服务业的现状研究

丹尼尔·贝尔于 20 世纪 60 年代就撰书《后工业经济社会的到来》（The Coming of Post-Industrial Society）指出美国已经进入后工业经济时代。当今大部分发达国家，如日本、德国和美国都拥有发达的服务业，其产值皆超过 GDP 的 50%。同时，大多数新兴工业化国家自 20 世纪 70 年代时起就逐渐开始由工业经济向后工业经济转变。

我国"十一五规划纲要"中也提出把加快发展服务业放在十分重要的位置，并第一次明确提出"拓展产业性服务业"的要求，强调要大力发展主要面向生产者的服务业，细化深化专业分工，降低社会交易成本，提高资源配置效率，从而实现经济增长主要依靠工业带动向第三次产业协调带动转变。发展生产者服务业有利于建设资源节约型和环境友好型经济，促进和谐社会建设和经济可持续发展，有利于推动我国深入参与全球生产网络，改善企业供应链管理，提高我国经济的国际竞争力；有利于服务业和整体产业结构的优化升级，推动"中国制造"的转型，并有利于我国走新型工业化道路，实现可持续发展。

1979~2005 年，我国服务业随着收入水平提高实现了较快增长。据国家统计局核算，1979~2005 年，我国 GDP 年均增长 9.6%，服务业增加值年均增长 10.6%，服务业年均增长高于 GDP 1 个百分点，但进入 20 世纪 90 年代以来，我国服务业增速明显放慢，不仅低于第二产业，而且低于 GDP 增长比例。从 1993 年至 2003 年，我国生产者服务业增加值从 4332.0 亿元增加到 13995.8 亿元，增长了 3.2 倍，但低于服务业增长的 3.5 倍，更低于工业的 3.8 倍。同期，生产者服务业占 GDP 的比重徘徊在 10.3%~12.3% 之间，说明我国生产者服务业与制造业、服务业同期相比，皆处于滞缓的发展之中。

第一节　我国生产者服务业整体状况分析

匈牙利经济学家 Balassa 于 1965 年在一篇关于通过贸易反映 OECD 国家产业

比较优势的论文中，首先提出并使用了显性比较优势（Revealed Comparative Advantages，RCA）的概念，提出了用实际的贸易状况间接地表现各国生产领域内比较优势的方法。

一、运用显性比较优势指数分析我国生产者服务业存在的"瓶颈"问题

根据 Balassa 的定义，一国某生产部门的比较优势由该部门产品的出口在该国总出口的比重与世界该部门产品的出口在世界总出口比重的比率来衡量，即 i 国 j 部门的比较优势指数（RCA_{ij}）可写为：

$$RCA_{ij} = (X_{ij}/\sum_j X_{ij})/(\sum_i X_{ij}/\sum_i \sum_j X_{ij})$$

其中，X_{ij} 表示 i 国 j 部门的出口量，分子表示 i 国 j 部门的出口在本国总出口中的份额，分母表示世界 j 部门产品的出口总额在世界全部产品出口总额中的份额。RCA_{ij} 的值域为 $[0,+\infty)$，当 $RCA_{ij}<1$ 时，意味着 i 国在 j 部门的产品生产中不具有比较优势，或者说存在比较劣势；当 $RCA_{ij}>1$ 时，表明 i 国在 j 部门的产品生产中有比较优势。为弥补 RCA_{ij} 指数不对称的不足，Laursen（1998）提出了对称性显性比较优势指数（Revealed Comparative Advantage Symmetric，RCAS），其表达式为：

$$RCAS_{ij} = (RCA_{ij}-1)/(RCA_{ij}+1)$$

$RCAS_{ij}$ 在 $[-1,1]$ 之间取值，$RCAS_{ij}>0$ 表明 i 国 j 部门具有比较优势，而 $RCAS_{ij}\leqslant 0$ 则表明 i 国 j 部门不具有比较优势。由于 $RCAS_{ij}$ 是对 RCA_{ij} 进行的单调变换，类似于对 RCA_{ij} 取对数，因此其性质并没有发生变化，不影响对一国某一部门比较优势状况的判断。不仅如此，与 RCA_{ij} 相比，$RCAS_{ij}$ 是一个对称的指标，更有利于各部门比较优势和比较劣势的定量比较和分析。依以上公式，整理得出我国 2003 年和 2004 年的 RCAS 指数（见表 5—1）。

表 5—1 中国 2003 年和 2004 年的 RCAS 指数统计值

类别 年份	交通运输	通信	计算机和 信息服务	金融	保险服务	版税和许 可证费用	其他商业服务
2003	−0.10	−0.21	−0.09	−0.87	−0.60	−0.94	0.22
2004	−0.02	−0.52	0.03	−0.32	−0.92	−0.94	−0.005

资料来源：根据 UNCTAD "Handbook of Statistics 2003（on-time）"的相关数据由笔者计算得来。

为进一步研究我国生产者服务业中各产业比较优势变化趋势,现采用折线图表示(见图5-1)。

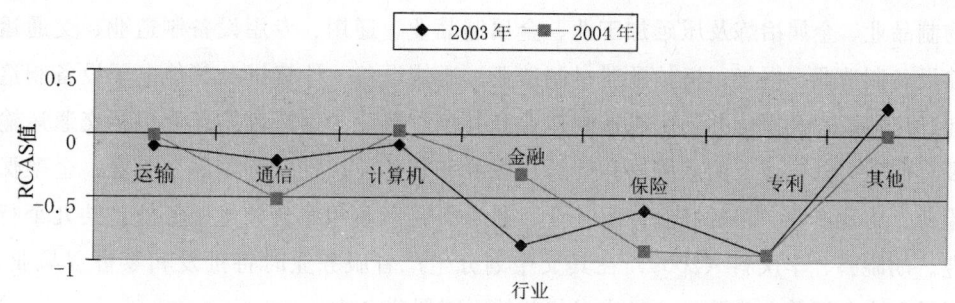

图5-1 2003年和2004年中国生产者服务业各部门比较优势变动趋势

资料来源:根据 UNCTAD "Handbook of Statistics 2003 (on-time)" 的相关数据由笔者绘制而成。

从表5-1和图5-1中我们可以很清晰地看到,我国生产者服务业整体水平较差,除其他商业服务具有比较优势以外,其余行业几乎都位于世界同行业发展水平以下。相比较运输业和计算机信息服务业的比较劣势较小,基本可以达到世界平均水平。版税、许可证费和保险业与世界同期水平相去甚远,甚至保险业还在不断加大与世界同期发展水平之间的差距;而金融业虽然起点较低,在我国生产者服务业中处于较慢的发展态势,但基于中国加入WTO后,金融业开放步伐的进一步加快,其比较劣势也在进一步缩小,由2003年的-0.87提高到2004年的-0.32。通信业作为国家的垄断行业,在国家进一步向世界开放服务业的同时,因为固有的经营模式对新出现的行业形势不能很好地适应而致使其在世界市场中的比较劣势更加凸显出来,由2003年的-0.21变为2004年的-0.52。因此,用动态方法,结合对称性显示比较优势指数纵向比较我国生产者服务业,可以看出是存在制约其快速发展的"瓶颈"问题的。

二、我国生产者服务业现状分析

为对我国生产者服务业的状况做进一步的研究,以下将运用投入产出表来进行实证分析。在此,以我国30个省份(因未得到相关数据,在此不包括西藏自治区)投入产出表数据详细分析生产者服务业的发展现状及与制造业间的协同关系。

本书采用国家统计局、中经网和中国投入产出学会网站(www.iochina.org.cn/touruchanchubiao.htm)上得到的我国30个省、市、自治区2002年投入产出表数据来分析。该投入产出表包括42个产业部门，其中制造业共16个行业，包括食品制造及烟草加工业、纺织业、服装皮革羽绒及其制品业、木材加工及家具制造业、造纸印刷及文教用品制造业、石油加工、炼焦及核燃料加工业、化学工业、非金属矿物制品业、金属冶炼及压延加工业、金属制品业、通用、专用设备制造业、交通运输设备制造业、电气、机械及器材制造业、通信设备、计算机及其他电子设备制造业、仪器仪表及文化办公用机械制造业和其他制造业。生产者服务业包括交通运输及仓储业、邮政业、信息传输和计算机服务和软件业、批发和零售贸易业、金融保险业、房地产业、租赁和商务服务业、科学研究事业和综合技术服务业，共九个行业。胡晓鹏、李庆科（2009）在其文中划分生产者服务业时将批发和零售贸易业、租赁和商务服务业排除。这是本书与其的不同划分之处。

（一）我国各省份生产者服务业整体状况分析

从表5-2中可以看出，我国生产者服务业最发达地区主要集中于经济发达地区，如北京、上海、广东、天津、福建、浙江等。说明我国生产者服务业的发展已经表现出向大城市、经济发达地区集中和开放性城市及省份优先发展的局面。其中，北京的生产者服务业以53.5%的比例居于全国之首；上海的生产者服务业占到地区所有产业39.2%的比例；广东以33.3%的比例居于全国第三。相对而言，宁夏、贵州、河南等地因封闭、经济不发达、开放程度不足等原因使生产者服务业占所有产业的比例居于全国后列，分别占到21.4%、21.4%和21.6%。这说明我国目前生产者服务业的发展受到地区经济基础和开放度等因素制约。

表5-2 2002年我国30个省、市、自治区生产者服务业发展状况

省份	生产者服务业占所有产业的比例	所占比例排序	省份	生产者服务业占所有产业的比例	所占比例排序	省份	生产者服务业占所有产业的比例	所占比例排序
北京	0.535	1	江西	0.254	11	四川	0.225	21
上海	0.392	2	内蒙古	0.244	12	山东	0.225	22
广东	0.333	3	吉林	0.242	13	云南	0.224	23
天津	0.330	4	湖南	0.242	14	安徽	0.223	24
福建	0.297	5	湖北	0.239	15	黑龙江	0.219	25
浙江	0.292	6	江苏	0.233	16	山西	0.232	26
新疆	0.269	7	青海	0.232	17	陕西	0.218	27
辽宁	0.269	8	河北	0.231	18	河南	0.216	28
重庆	0.260	9	海南	0.231	19	贵州	0.214	29
广西	0.254	10	甘肃	0.230	20	宁夏	0.214	30

(二)我国各省份生产者服务业的特点分析

在此,我们采用与第四章分析美国生产者服务业一致的方法对我国生产者服务业的现状进行研究。

依据对中间投入率的理解和分析,在此我们将中间投入率大于0.5的部门称为"低附加值、高带动型"产业;将中间投入率小于0.5的部分称为高附加值、低带动能力的产业。从表5-3中我们可以看出上海、北京、天津、安徽、山西、海南、湖南、甘肃、福建、重庆和陕西地区的生产者服务业中间投入率偏高,说明以上地区的生产者服务业属于低附加值、高带动能力的产业。其中北京、上海、天津、福建作为生产者服务业相对较发达,在所有产业中所占比例居高的地区(从表5-2中得知)其生产者服务业仍属于低附加值行业,但对其他产业具有高带动性的作用。说明北京、上海、天津地区的生产者服务业具有较强的产业带动性,起到了促进其他产业进步的作用,但同时其生产者服务业仍存在着附加值低的问题;与之相比较,广东、浙江和新疆地区的生产者服务业表现出生产者服务业占产业比重较大,说明广东、浙江和新疆地区的生产者服务业已经具有较高价值增值,表现出人力资本、知识增加附加值的作用;生产者服务业所占产业比重较低的省份陕西和山西(从表5-3得知)的生产者服务业的中间投入率分别达到了54.7%和54.8%,属于低附加值、高带动能力的产业,说明陕西、山西地区因地区开放程度低、经济不发达,其生产者服务业尚不发达,但对其他产业仍具有较强的带动作用,说明了生产者服务业对其他产业的发展具有促进作用。

就我国生产者服务业的具体部门来看,全国有63%省份的交通运输及仓储业中间投入率达到0.5以上,属于低附加值、高带动性产业,说明了交通运输及仓储业这一生产者服务业对其他产业起到较大的带动作用。虽然交通运输及仓储业本身只具有低附加值,但对于经济体其他产业的带动作用应该是很有价值的。其中上海的交通运输及仓储业的中间投入率达到了73.3%,北京达到59.2%,吉林、宁夏、安徽和山西的交通运输及仓储业的中间投入率分别为63.7%、68.4%、64.9%和62.9%,说明在我国生产者服务业发展并不发达的地区,交通运输及仓储业也表现出低附加值、高带动性的特性。与交通运输及仓储业相比较,我国邮政业多表现为高附加值、低带动性的特性,其中仅北京、四川、宁夏、新疆、甘肃和河北地区的邮政业呈低附加值、高带动性特点。这也说明我国大多数地区的

表 5-3　2002 年我国 30 个省、市、自治区生产者服务业的中间投入率、中间需求率

部门 地区	生产者服务业 f_i	生产者服务业 h_i	交通运输及仓储业 f_i	交通运输及仓储业 h_i	邮政业 f_i	邮政业 h_i	信息传输、计算机服务和软件业 f_i	信息传输、计算机服务和软件业 h_i	批发和零售业 f_i	批发和零售业 h_i	金融保险业 f_i	金融保险业 h_i	房地产业 f_i	房地产业 h_i	租赁和商务服务业 f_i	租赁和商务服务业 h_i	科学研究事业 f_i	科学研究事业 h_i	综合技术服务业 f_i	综合技术服务业 h_i
上海	0.510	0.676	0.733	0.623	0.474	0.534	0.479	0.552	0.456	0.788	0.400	0.714	0.322	0.369	0.625	1.271	0.526	0.516	0.660	0.860
云南	0.426	0.787	0.569	0.904	0.448	0.909	0.486	0.673	0.438	0.862	0.241	0.725	0.214	0.643	0.421	0.989	0.514	0.927	0.561	0.217
内蒙古	0.419	0.494	0.560	0.343	0.479	0.782	0.258	0.625	0.416	0.165	0.280	0.803	0.621	0.130	0.205	0.998	0.241	0.826	0.275	0.474
北京	0.507	0.517	0.592	0.680	0.518	0.795	0.485	0.393	0.404	0.155	0.472	0.581	0.599	0.471	0.454	0.758	0.516	0.523	0.567	0.449
吉林	0.527	0.508	0.637	0.383	0.355	0.445	0.558	0.591	0.452	0.391	0.613	1.022	0.430	0.104	0.662	1.040	0.460	1.471	0.416	0.152
四川	0.444	0.810	0.544	0.922	0.557	0.590	0.422	0.800	0.413	0.773	0.467	0.957	0.205	0.441	0.481	1.000	0.461	0.991	0.453	0.352
天津	0.562	0.687	0.545	0.730	0.407	0.980	0.680	0.461	0.522	0.482	0.501	1.229	0.478	0.248	0.416	1.640	0.395	4.253	0.395	0.098
宁夏	0.462	0.921	0.684	0.913	0.566	0.173	0.439	0.336	0.288	0.733	0.180	1.698	0.178	0.122	0.516	4.388	0.522	2.817	0.548	0.809
安徽	0.539	0.698	0.649	1.014	0.494	0.721	0.328	0.605	0.483	0.630	0.485	0.884	0.778	0.072	0.337	1.004	0.676	0.720	0.332	0.325
山东	0.495	0.750	0.525	0.894	0.361	0.547	0.526	0.846	0.628	0.755	0.460	0.828	0.340	0.370	0.181	0.972	0.166	1.046	0.480	0.461
山西	0.548	0.722	0.629	0.890	0.438	0.367	0.442	0.573	0.532	0.542	0.528	1.013	0.325	0.397	0.612	1.000	0.662	0.015	0.402	0.530
广东	0.417	0.634	0.544	0.775	0.440	0.789	0.453	0.586	0.328	0.485	0.473	0.712	0.204	0.400	0.472	1.001	0.592	0.810	0.564	0.209
广西	0.382	0.937	0.260	0.678	0.378	0.362	0.446	2.422	0.426	0.403	0.535	2.161	0.261	0.338	0.342	9.899	0.601	7.382	0.548	0.386
新疆	0.447	0.663	0.516	0.753	0.600	0.613	0.439	0.770	0.459	0.628	0.361	0.862	0.269	0.282	0.609	0.867	0.534	0.217	0.419	0.448
江苏	0.447	0.777	0.543	0.911	0.463	0.889	0.439	0.655	0.496	0.936	0.403	0.984	0.241	0.104	0.435	0.820	0.513	0.762	0.468	0.567

续表

部门名称\地区	生产者服务业		交通运输及仓储业		邮政业		信息传输、计算机服务和软件业		批发和零售业		金融保险业		房地产业		租赁和商务服务业		科学研究事业		综合技术服务业	
	f_i	h_i	f_i	h_i	f_i	h_i	f_i	h_i	f_i	h_i	f_i	h_i	f_i	h_i	f_i	h_i	f_i	h_i	f_i	h_i
江西	0.382	0.937	0.260	0.678	0.378	0.362	0.446	2.422	0.426	0.403	0.535	2.161	0.261	0.338	0.342	9.899	0.601	7.382	0.548	0.386
河北	0.480	0.757	0.476	0.806	0.516	1.557	0.421	0.693	0.548	0.699	0.403	0.892	0.428	0.365	0.366	1.217	0.210	2.588	0.342	0.310
河南	0.391	0.601	0.504	0.690	0.435	0.978	0.337	0.480	0.394	0.798	0.048	0.428	0.114	0.185	0.512	0.646	0.511	0.081	0.507	0.016
浙江	0.387	0.766	0.475	0.876	0.390	0.500	0.392	0.701	0.291	0.691	0.324	0.874	0.280	0.191	0.554	1.000	0.542	0.898	0.643	0.837
海南	0.594	0.598	0.523	0.495	0.349	0.521	0.450	0.240	0.732	0.054	0.458	0.989	0.571	0.772	0.472	6.913	0.538	8.287	0.543	2.168
湖北	0.462	0.751	0.495	0.843	0.393	0.741	0.524	0.717	0.431	0.694	0.459	0.875	0.433	0.518	0.430	0.919	0.513	0.472	0.606	0.472
湖南	0.510	0.853	0.495	0.872	0.469	0.787	0.490	0.777	0.594	0.849	0.488	0.966	0.168	0.772	0.486	0.992	0.466	0.135	0.466	0.599
甘肃	0.540	0.623	0.569	0.892	0.574	0.951	0.572	0.586	0.505	0.460	0.555	0.915	0.620	0.219	0.498	0.696	0.466	0.649	0.277	0.338
福建	0.502	0.857	0.434	0.896	0.494	0.953	0.447	0.701	0.521	0.827	0.584	0.931	0.506	0.774	0.794	1.000	0.231	2.869	0.670	0.091
贵州	0.426	0.913	0.436	0.939	0.495	0.416	0.609	0.406	0.448	0.683	0.414	1.259	0.088	0.448	0.504	1.971	0.374	11.894	0.346	0.494
辽宁	0.478	0.687	0.505	0.745	0.436	0.720	0.400	0.714	0.486	0.721	0.438	0.764	0.450	0.406	0.566	0.165	0.580	0.206	0.405	0.075
重庆	0.554	0.545	0.384	0.843	0.412	0.395	0.533	0.432	0.632	0.027	0.245	1.843	0.690	0.177	0.601	1.327	0.624	6.913	0.531	0.281
陕西	0.547	0.678	0.439	0.860	0.423	0.513	0.632	0.343	0.704	0.537	0.548	1.487	0.238	0.243	0.582	1.485	0.467	0.552	0.544	0.538
青海	0.434	0.913	0.514	0.876	0.410	1.193	0.411	0.269	0.514	0.674	0.139	2.090	0.318	0.347	0.520	9.233	0.484	4.991	0.393	0.039
黑龙江	0.453	0.646	0.443	0.800	0.482	0.819	0.463	0.652	0.348	0.575	0.760	0.708	0.458	0.472	0.485	0.986	0.494	0.747	0.536	0.090

邮政业具有高附加值。批发和零售业在吉林、天津、山东、湖北、甘肃、贵州、重庆和陕西仍属于高附加值、低带动性的产业,而在上海、北京、浙江、广东等经济发达地区批发和零售业已属于低附加值、高带动性的产业。尤其浙江、广东两地批发和零售业的中间投入率仅有32.8%和29.1%,虽然邮政业的附加值下降了,但对其他产业具有高带动性。金融保险业作为生产者服务业中高智商、人力资本聚集的部门除在吉林、天津、山西、广西、江西、甘肃、福建、陕西和黑龙江地区为低附加值、高带动的产业外,在其他省份均表现出高附加值、低带动性性能,呈现出金融保险业附加值较高的产业特征。从我国大多数省份的状况来看,房地产业在76.7%的地区表现出高附加值、低带动性的性能,仅在内蒙古、北京、安徽、海南、甘肃、福建和重庆呈低附加值、高带动性的产业,其中重庆市的房地产业的中间投入占所有产业的比例最高,达到69.0%,说明房地产对其他产业的带动作用。租赁和商务服务业在全国有46.67%的地区呈现出低附加值、高带动性的性能,其中间投入率均在50%以上,其中福建省房地产业的中间投入率达到79.4%。科学研究事业在我国56.67%的地区表现出低附加值、高带动性性能,以及对其他产业的高带动性,这一现象说明目前我国大多数省份的科学研究工作尚未表现出高附加值、高智力产业的特征。综合技术服务业在我国一半地区的中间投入率大于0.5,呈低附加值、高带动性产业,大多主要集中于北京、上海、广东、浙江等相对经济较发达、生产者服务业先进的省市。这一状况也说明我国综合技术服务业作为生产者服务业中的一个部门,对其他产业的发展起到了较强的促进作用,但就其本身仍缺乏高技术含量、高创新性所带来的高附加值。

就以上对我国30个省、市、自治区生产者服务业及所含具体部门间投入率的分析可以看出,我国大多数地区的生产者服务业及部门对其他产业的发展较多具有高带动性,表现出我国生产者服务业从制造业中分离出来后对其他产业的促进作用。但同时也说明我国生产者服务业的技术含量相对偏低,表现为低附加值的性能。

同时,我们依照以上的方法对表5—3中的我国各省份生产者服务业及具体部门的中间需求率做进一步分析。以下我们仍以0.5作为衡量我国生产者服务业各产业中间需求率的高低标准。若中间需求率越大于0.5表示该产业越具有原料产业的性质,若中间需求率越小于0.5表示该产业越具有最终产业的性质。总体来看,我国各省份除内蒙古外,生产者服务业均表现出对原料的中间需求。其中宁夏、广西、江西、贵州和青海的生产者服务业总体表现出的中间需求比例均达到0.90以上,分别为0.921、0.937、0.937、0.913和0.913。说明我国经济不发达地区的生产者服务业表现出对原料高度的中间需求。全国除内蒙古的生产者服务业中间需求率为 0.494，低于 0.5 之外，其他地区均处于 0.5 以上。这一现象充分说明我国生产者服务业的发展动力仍主要停留在中间需求上。

同时，为进一步分析我国生产者服务业中具体产业的中间需求状况，以下我们再做具体分析：交通运输及仓储业的发展主要表现出依靠中间需求。全国仅内蒙古、吉林和海南三省表现出交通运输及仓储业依靠最终需求以外，其他地区的交通运输及仓储业均主要带有原材料产业的性质。邮政业在全国 76.67% 的地区的发展动力依靠中间需求。同时，不同地区之间的差异较大。宁夏的邮政业表现出很强的最终需求导向，其中间需求率仅为 0.173，而与之不同的是河北、青海两省邮政业的中间需求率分别达到了 1.557、1.193，其发展动力主要来自于中间需求。全国有 70% 的省份的信息传输、计算机服务和软件业均表现出依靠中间需求，其中广西、江西两地的中间需求率甚至都达到了 2.422，说明我国大部分省份的信息传输、计算机服务和软件业均表现出很强的原料产业的性质。批发和零售贸易的中间需求率在全国 1/3 的省份低于 0.5，其发展的动力已向最终需求方向转化，其中海南省、重庆市分别仅为 0.054、0.027。全国仍有 63.33% 的地区的批发和零售贸易业的发展仍依靠原料产业。同时，目前我国金融保险业除河南省的中间需求率仅为 0.428，其发展依靠最终需求以外，其他 29 个省、市、自治区金融保险业的发展均呈现出依靠中间需求，甚至广西、江西和青海的中间需求率分别达到 2.161、2.161 和 2.090，说明我国绝大多数地区金融保险业的发展主要依靠中间需求。房地产业在我国 83.33% 的地区的发展依靠最终需求，这一状况与我国各地的金融保险业主要依靠原料产业发展的现状是完全不同的。其中仅湖南、湖北、云南和海南四省房地产业的发展动力来自中间需求。租赁和商务服务业除辽宁省以 16.5% 的中间需求率向最终需求方向发展外，全国其他 29 个地区、省份租赁和商务服务业的发展均依靠中间需求。科学研究事业的中间需求率除在山西、河南、湖北、湖南、辽宁五省分别为 0.015、0.081、0.472、0.135、0.20，均小于 0.5，其产业主要依靠最终产品，全国其余 25 个省、市、自治区的科学研究事业发展均依靠中间需求，甚至贵州省的中间需求率达到 11.894。综合技术服务业在我国 73.33% 的地区的发展依靠最终需求，除此之外，仅上海、宁夏、山西、江苏、浙江、海南、湖南和陕西八省份的综合技术服务业具有原料产业的性能。

因此，我国 30 个省、市、自治区的生产者服务业中房地产业和综合技术服务业的发展依靠最终产品的需求，其他部门包括生产者服务业的发展均来自中间需求。

综上所述，我国生产者服务业总体特征表现出低附加值、高带动性以及发展动力主要依靠中间需求的特征。这正说明目前我国生产者服务业尚处于初级发展阶段，但可喜之处是我国生产者服务业已经对其他产业起到了带动作用。这是生产者服务业促进经济发展的一个良好表现。

第二节 我国生产者服务业与制造业间的互动关系研究

生产者服务业作为我国经济发展过程中从制造业中分离出来的一个产业，与制造业间的互动和融合作用是必不可缺的。为进一步分析我国生产者服务业与制造业间的相互作用关系，在此我们仍采用用于分析产业间关系的投入产出表研究两者间的融合作用。

一、我国生产者服务业与制造业之间的融合性分析

为进一步研究生产者服务业与制造业之间的融合性，在此应用与第四章分析美国生产者服务业状况相同的方法来量化分析我国生产者服务业与制造业间融合性。

根据表5—4，我们可以将这个过程分为前期互动与后期互动两个阶段。在此将其称为双向融合互动分析法，如图5—2所示。

表5—4　2002年我国生产者服务业与制造业融合、互动性状况分析

省、市、自治区	制造过程中生产者服务业的投入率	被制造业消耗的生产者服务业需求率	制造业对生产者服务业的投入率	被生产者服务业消耗的制造业需求率
北京	0.159802770	0.737988350	0.123402043	0.149958258
上海	0.127241613	1.908446519	0.135761466	0.063451798
广东	0.088532854	2.366223200	0.096747720	0.034990872
天津	0.139861772	2.029748948	0.169358972	0.077335830
浙江	0.098371104	3.669895461	0.111083507	0.026850298
湖南	0.159058384	1.765120744	0.163584248	0.081951678
湖北	0.112479597	2.274063503	0.123637405	0.044061779
江苏	0.085298125	3.862786714	0.142495339	0.032064207
重庆	0.090260220	1.705669703	0.124505774	0.062368077
新疆	0.109359922	2.013077772	0.196296843	0.081664899

续表

省、市、自治区	制造过程中生产者服务业的投入率	被制造业消耗的生产者服务业需求率	制造业对生产者服务业的投入率	被生产者服务业消耗的制造业需求率
云南	0.130951725	1.430171444	0.172657587	0.089640878
内蒙古	0.059676396	1.229849939	0.178711913	0.115575925
吉林	0.093421979	1.852199907	0.170833658	0.077624242
四川	0.132798132	1.618198608	0.122650543	0.061218845
宁夏	0.167963569	2.021430875	0.155772463	0.073179606
安徽	0.115511869	1.841422375	0.123388296	0.057012609
山东	0.105581510	2.771251961	0.151879326	0.046533346
山西	0.086932047	1.299062912	0.225690876	0.132289157
广西	0.179201518	1.939057084	0.084370576	0.039757402
江西	0.179201518	1.939057084	0.084370576	0.039757402
河北	0.121810544	2.488896074	0.153149114	0.051832816
河南	0.073257270	2.804421397	0.123891151	0.035859555
海南	0.064270227	0.553892634	0.122721292	0.161076167
甘肃	0.099561276	1.324529263	0.144512343	0.092014189
福建	0.187436865	2.049803640	0.149666665	0.067498844
贵州	0.143301376	1.797724265	0.154854022	0.072642234
辽宁	0.129091815	2.189731894	0.192208118	0.076478292
陕西	0.113377516	1.509833940	0.161620604	0.089233595
青海	0.163690084	1.417847022	0.124161973	0.078490236
黑龙江	0.117392185	1.698786474	0.179382860	0.089846098

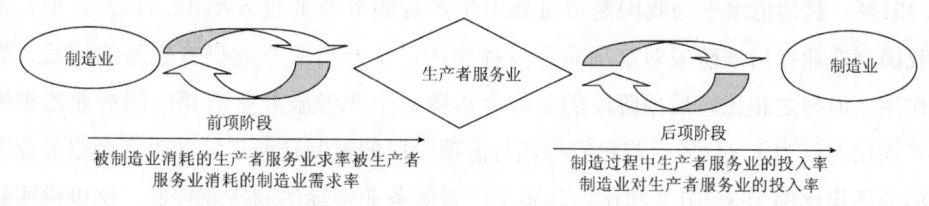

图 5-2 双向融合互动分析法

依据表 5-4 的数据和图 5-2 的分析方法对我国 30 个省、市、自治区的生产者服务业与制造业融合、互动状况做进一步分析。首先，我们从前项阶段分析入手。在我国制造业发展过程中，在所有产业投入中生产者服务业对制造业的投入所占份额相对还较小，平均比例为 12.12%，说明目前我国生产者服务业的发展尚处于起步阶段,能将生产者服务业作为制造业投入要素的比例还很有限。从我国各省市的情况来看,北京、上海、广东、天津等地作为我国生产者服务业在所有产业投入中所占比例较大的地区,其制造过程中生产者服务业的投入率分别为15.98%、12.72%、8.9%和13.99%。同时,我国其他省份如广西、江西、贵州和青海的生产者服务业在所有产业中的比例不及北京的一半,但制造过程中生产者服务业的投入率却都超过了北京、上海、天津、广东,达到17.92%、17.92%、14.33%和16.37%。这说明我国在发展生产者服务业的过程中,大都市、开放度较大的城市中生产者服务业的发展更趋向于专业化发展,而将生产者服务业投入到制造中的部分相对较小,其吻合度不及一些将两者有效融合起来的中等城市。前项阶段的另一个衡量指标即被制造业消耗的生产者服务业需求率来看,目前我国制造业对生产者服务业的需求率相对实际生产者服务业的投入率更为理想,说明我国制造业在不断发展、提升竞争力的过程中对富含人力资本、高智商、高辐射的生产者服务业已经具有很强的需求,这也是我国产业升级、提升产品技术含量、附加值的需要所致。其中江苏、浙江两省制造业对生产者服务业的需求率均高于全国的平均水平193.7%,分别达到了386.3%、367.0%。这一现象表明江苏、浙江两省在制造业不断提升的状况下,生产者服务业对其制造业的发展起到了更大的促进作用。说明了在图5-2前项阶段我国尚不发达的生产者服务业虽然对制造业的投入比例还很小,但在制造过程中被消耗的生产者服务业需求率却是很高的,表明我国生产者服务业已经对制造业的发展起到了较好的促进作用。

在图5-2后项阶段中我们对融入了生产者服务业的制造业对生产者服务业本身的回旋再做进一步分析。制造业对生产者服务业的投入率在全国的平均比例为14.454%,其均值水平与我国制造过程中生产者服务业的投入率12.116%近似,说明我国制造业在后项阶段对前项阶段发挥作用的生产者服务业仍有较好的回旋、循环作用。但与之相比,后项阶段的另一个指数被生产者服务业消耗的制造业需求率的平均比例仅为7.341%。若我们将其与前项阶段的被制造业消耗的生产者服务业需求率的平均比例193.701%相比,我国生产者服务业消耗的制造业较低,这也说明我国生产者服务业促进了制造业的进步和发展,同时制造业对生产者服务业也实现了一定水平上的要素投入。但问题是在后项阶段的生产者服务业对制造业的回旋、反作用并不理想(除北京、内蒙古、山西、海南与全国其他省份被生产者服务业消耗的制造业需求率相比较高,但与被制造业消耗的生产者服务业需求率相比,差距还甚远)。被生产者服务业消耗的制造业需求较小,以及被生产者服务业消耗的制造业需求率的平均比例分别为 7.341%。均小于前项阶段制造业对生产者服务业的需求。

通过以上应用双向融合互动分析法，可以看出目前我国生产者服务业尚不发达，整体发展水平尚不高，仍处于起步阶段。但生产者服务业对制造业的促进作用是显著的、明显的，说明生产者服务业在对我国制造业的进步和发展作用上有很强的促进作用。但同时，我们也必须看到我国制造业对生产者服务业的反作用力并不理想，尤其被生产者服务业消耗的制造业需求率很小，说明两者间有融合和互动作用，但尚不完善，需要我们在提升生产者服务业的过程中更加注重后项阶段生产者服务业向制造业的融合。防止从制造业中分离出来的生产者服务业在不断提升自身发展的过程中，与制造业的发展脱节，从而造成生产者服务业与实际制造业的分离，避免出现美国生产者服务业与制造业背离的不良现象（杨玲，2009）。

二、我国生产者服务业与制造业融合后价值创造能力变化

为进一步分析我国生产者服务业价值创造能力，表 5-5 列出了我国生产者服务业与制造业融合后价值创造能力的变化。

表 5-5 2002 年我国 30 个省、市、自治区生产者服务业与制造业融合后价值创造能力变化

省份	价值1	价值2	省份	价值1	价值2
上海	0.120009074	0.291101856	江苏	0.118993556	0.076472733
北京	0.103125271	0.409986041	青海	0.111610368	0.141898760
广东	0.086651726	0.286975373	河北	0.137220032	0.119999443
天津	0.098062477	0.149274520	海南	0.154454126	0.160811294
福建	0.131279746	0.213319070	甘肃	0.080908854	0.068684756
浙江	0.101559371	0.286270170	四川	0.120766247	0.134425769
新疆	0.116671686	0.232133100	山东	0.109291513	0.138699572
辽宁	0.088677221	0.135750478	云南	0.256653133	0.208028255
重庆	0.019012719	0.107305410	安徽	0.134981111	0.092955302
广西	0.161658662	0.406526847	黑龙江	0.078891404	0.163742045
江西	0.161658662	0.406526847	山西	0.100040061	0.143980669
内蒙古	0.194834741	0.423638723	陕西	0.085588283	0.109661545
吉林	0.018894782	0.103343643	河南	0.117942698	0.193347470
湖南	0.094545496	0.106162957	贵州	0.057896791	0.226726189
湖北	0.111059131	0.125595861	宁夏	0.062291953	0.156377254

从表 5-5 中可以看出，我国生产者服务业与制造业融合后两者价值创造能力的变化。价值1即因生产者服务业融合于制造业引起的制造业价值创造能力的变化。对比全国30个省份的状况变化，我们可以看出北京、上海、广东、天津、福建、浙江制造业价值变化的比例实际上并不及我国国内生产者服务业在所有产业中所占有的较高比例。以上五省、市制造业价值变化的比例分别为10.31%、12.00%、8.67%、9.81%、13.13%和10.16%，而这一比例实际上还不及广西、江西、内蒙古、青海、海南、云南这些生产者服务业在所有产业中所占比例较低、经济相对封闭的省份。说明北京、上海、广东等省、市的生产者发展对制造业增值的提升还不足，两者的融合程度甚至不如相对封闭的省份。同时，生产者服务业导致的生产者服务业价值创造能力的变化主要还是突出了大都市和经济发达地区的优势。其中北京、上海、广东、福建、浙江生产者服务业价值创造能力分别有41.00%、29.11%、28.70%、21.33%和28.63%的变化；但同时内地有新疆、广西、江西、内蒙古、云南和贵州制造业融合于生产者服务业导致生产者服务业价值创造能力也高于全国平均水平19.39%，尤其是广西、江西和内蒙古甚至分别达到40.653%、40.653%和42.364%。这也说明我国部分省份，如广西、江西、内蒙古和云南四省份相对较好地实现了区域内制造业与生产者服务业两者的融合，并较为有效地实现了两者的价值增值。这是可喜之处，是我国生产者服务业发展的良好开端，也应是其他省份应该效仿之处。同时，北京的生产者服务业与制造业的协调程度较上海、广东、天津、福建、浙江较为理想，其中因制造业融合于生产者服务业导致的服务业价值创造能力的变化也达到了40.999%。但因生产者服务业的融入而引起制造业价值创造能力的变化仍不及广西、江西、内蒙古等省份。这也同时说明大都市的生产者服务业在快速成长、提升产业比例的同时，更应该注重生产者服务业与制造业两者的融合和协同发展，尤其是注意避免生产者服务业与制造业背离性发展趋势的出现，防止类似于美国的生产者服务业与制造业相对独立发展而引发的实体经济与虚拟经济分离的类似问题（杨玲，2009）。

三、我国生产者服务业与制造业感应力、影响力研究

依据与第四章相同的方法对感应力系数、影响力系数的计算，我们可以得到我国30个省、市、自治区生产者服务业、制造业以及其他服务部门的相互感应力系数和影响力系数。我们可以以此再进一步分析我国各省份生产者服务业与制造业的融合性。在此我们先求出生产者服务业中各个不同部门相对应的感应力、影响力系数。

之后,将生产者服务业作为一个整体,以其均值为生产者服务业平均感应力、影响力系数。同时,进一步分析制造业和生产者服务业间相互作用的感应力系数和影响力系数。与之同理,对制造业中所包含的部门使用相同方法处理(见表5—6)。

表5—6 2002年我国30个省、市、自治区生产者服务业与制造业感应力、影响力系数研究

省份	制造业对生产者服务业的感应力系数	生产者服务业对制造业的感应力系数	制造业对生产者服务业的影响力系数	生产者服务业对制造业的影响力系数
北京	1.200879996	0.832722673	1.392110762	0.718333646
上海	1.068194584	0.936159025	1.360177815	0.735197993
广东	1.409566798	0.709437823	1.444269690	0.692391460
天津	1.156296077	0.864830401	1.437556477	0.695624844
福建	0.857549084	1.166114009	1.183004856	0.845305068
浙江	2.293723295	0.435972378	1.077183758	0.928346712
新疆	0.830375814	1.204273996	1.281356609	0.780422868
辽宁	1.218358271	0.820776633	1.319181725	0.758045674
重庆	1.573330717	0.635594277	1.296399786	0.771366990
广西	0.814803399	1.227289922	1.310492872	0.763071682
江西	1.046000697	0.956022308	1.290837134	0.774691069
内蒙古	1.629308257	0.613757400	1.295709394	0.771777997
吉林	1.378716379	0.725312338	1.232054160	0.811652631
湖南	0.925605465	1.080373915	1.253132843	0.797999993
湖北	1.097781750	0.910927878	1.279362161	0.781639500
江苏	1.607964377	0.621904325	1.489722324	0.671266037
青海	0.801345456	1.247901255	1.274172393	0.784823157
河北	1.606353217	0.622528090	6.741349279	0.014833826
海南	1.226985339	0.815005663	1.224015813	0.816982910
甘肃	1.013299063	0.986875481	1.190694665	0.839845873
四川	0.925662283	1.080307601	1.241261119	0.805632260
山东	1.311065116	0.762738622	1.477132933	0.676987140
云南	1.012931094	0.987233985	1.415762298	0.706333261
安徽	1.152858992	0.867408770	1.160288976	0.861854262
黑龙江	1.435320536	0.696708488	0.060896050	16.42142643
山西	1.314890298	0.760519719	1.177335915	0.849375261
陕西	1.199094779	0.833962434	1.281068990	0.780598084
河南	1.396113200	0.716274296	1.309263003	0.763788481
贵州	0.927032688	1.078710614	1.266921337	0.789314988
宁夏	0.941038909	1.062655317	1.397469324	0.715579214

从表5-6中的结果来看，在我国73.33%的省、市、自治区制造业对生产者服务业的感应力系数均大于1，表明生产者服务业各部门增加提供一个单位的中间产品给制造业时，对制造业的需求大于1。这说明我国生产者服务业在大多数地区已经表现出对制造业的更大需求，其可促进制造业增加更多单位产出。制造业的产出增长成为有助于表示该部门所受到的感应程度高于社会平均水平，即国民经济其他部门增加单位最终需求时，制造业应增加更多的单位产出。换言之，制造业增加产出有缓解我国经济增长制约因素的作用。尤其是浙江省制造业对生产者服务业的感应力系数达到了2.2937，说明生产者服务业每一个单位的产出对生产者服务业的需求达到了2.2937，充分说明了浙江省生产者服务业的发展对制造业的发展起到的倍数增长的需求促进作用。与浙江省类似，广东、重庆、内蒙古、江苏、河北、黑龙江和海南地区的制造业对生产者服务业的感应力系数也高于全国平均水平1.212，其比例分别平均达到1.410、1.573、1.629、1.608、1.606、1.435和1.223。这是我国生产者服务业与制造业融合的一个良好表现之一。这一现象表明我国生产者服务业作为脱胎于制造业的产业，对制造业的发展起到了良性促进作用。这一分析也正吻合我国目前以第二产业为经济发展主要动力的现状。同时，我们需要进一步分析生产者服务业对制造业的感应力系数，从表5-6中我们可以看出与制造业对生产者服务业的感应力系数相比，生产者服务业对制造业的感应力系数相对较小，全国平均水平为0.875，其数值小于1，说明我国制造业每增加一个单位的产出时，对生产者服务业的需求却小于1，仅为0.875。也就是说，当我国生产者服务业对制造业的发展有成倍需求时，因为制造业的发展而带动的生产者服务业的需求增长还很有限。若从图5-2的双向融合互动分析法来看，我国生产者服务业与制造业的融合性在前项阶段已表现出较为理想的融合性，但从目前的状况来看，在后项阶段，因制造业的产出增加，生产者服务业受此感应而产生的需求尚不明显。这一结果与前文的分析结果一致。

同理，我们再进一步分析生产者服务业与制造业之间的影响力系数关系。制造业对生产者服务业影响力系数均较为明显，从全国各省份范围来看，此系数皆大于1，说明我国制造业对生产者服务业的影响是显著的，是我国经济的主导性产业。其中河北省的数据相对较为突出，说明此地区制造业发展对生产者服务业产生拉动作用。与制造业对生产者服务业的影响相比，我国生产者服务业对制造业的影响率较低，全国除黑龙江省生产者服务业对制造业表现出16.421的影响力外，其余29个省份生产者服务业的发展皆不具有对制造业的带动作用，其影响力

系数 $\lambda_j < 1$，而黑龙江省的特殊状况可能是与其独特的边境经济有关。

通过分析我国 30 个省、市、自治区生产者服务业与制造业间相互作用的感应力系数、影响力系数，我们可以看出无论是感应力系数还是影响力系数表现出我国生产者服务业对制造业较强的前向拉动需求作用，说明我国生产者服务业已经成为促进制造业发展的有效因素。但同时，我国生产者服务业并没有得到制造业有效的后续联动作用，即受到生产者服务业拉动作用而发展起来的制造业尚未表现出对生产者服务业理想的后项反作用。也就是说，生产者服务业与制造业的前项融合较好，但后项融合还不够理想。

第三节 我国生产者服务业实证分析结果及政策建议

通过使用投入产出法，运用 2002 年数据对我国 30 个省、市、自治区生产者服务业的现状及与制造业融合互动性进行了研究，由此得出相应的结论。

一、我国生产者服务业实证分析小结

从我国生产者服务业的总体状况来看，在开放度高、经济发达地区的生产者服务业在所在地区的产业中占有相对较高的比例，说明其生产者服务业较其他地区相对发达。在实证分析中运用中间需求率、中间投入率分析发现，我国生产者服务业总体表现出低附加值、高带动性以及发展动力主要依靠中间需求的主要特征。这一方面说明我国生产者服务业尚处于初级的发展阶段，主要表现为制造业的中间需求，另一方面也说明我国生产者服务业对制造业有较大的推动和促进作用。这是生产者服务业促进经济发展的一个良好表现。

运用双向融合互动分析法将我国生产者服务业与制造业的相互作用分为前项阶段和后项阶段。本书中运用制造业与生产者服务业间投入率、需求率的相互关系分析我国生产者服务业与制造业间融合互动性的状态，结果表明我国生产者服务业的总体发展水平尚处于起步阶段，水平不高。制造过程中的生产者服务业投入比例较低，同时制造业对生产者服务业的融入量更少。虽然我国生产者服务业总体水平还较低，但可喜之处是在我国开始起步发展的生产者服务业已经对制造业产生了正向作用，甚至在浙江、江苏等省表现出较制造业消耗的生产者服务业成倍数增长的需求。

为进一步分析我国生产者服务业与制造业融合后两者的价值变动，前文运用产业价值创造力计算其变化状况，结果表明我国经济开放程度较高的大都市、省份，如北京、上海、广东、天津的制造业在融入生产者服务业后的价值变化实际不及一些相对封闭的省份，如广西、江西、内蒙古、青海等地，说明我国目前集中在大都市发展生产者服务业的价值转变能力不及一些能将两者更好融合起来发展的省份。

同时运用衡量产业间相互波及作用的有效工具——感应力系数和影响力系数，进一步分析了我国生产者服务业与制造业间前相关性和后相关性的相互感应和影响作用。结果表明在我国30个省、市、自治区，总体上表现出生产者服务业对制造业较强的前项需求拉动作用，但在后项阶段中制造业对生产者服务业并未表现出有效的后项联动性。也就是说，在我国处于起步阶段的生产者服务业从制造业中分离出来后，因规模效益作用下的低成本、专业化已可以为制造母体提供使用其创造的中间产品而发挥提高需求和经济效益的作用，但目前制造业尚未表现出对生产者服务业有效的后项联动作用。

二、积极促进我国生产者服务业与制造业的融合、互动

当前，我国正处于由工业经济向服务经济转变的过程中，尤其"十一五规划纲要"中提出要大力发展生产者服务业，细化深化专业分工，降低社会交易成本，提高资源配置效率，实现经济增长主要依靠工业带动向第三产业协调发展的方向转变。发展生产者服务业有利于建设资源节约型和环境友好型经济，促进和谐社会建设和经济可持续发展，有利于推动我国深入参与全球生产网络，改善企业供应链管理，提高我国经济的国际竞争力；有利于服务业和整体产业结构的优化升级，推动"中国制造"的转型，并有利于走新型工业化道路，实现可持续发展。因此借鉴美国生产者服务业中的经验、教训对于我国具有重要的警示作用。

我国的生产者服务业与发达国家相比，差距还很大。总体来说，我国的生产者服务业目前尚处于起步阶段，相对于美国等发达国家还很落后。按照发达国家已有的经验，生产者服务业是市场资源强大的调配器，具有广泛的关联效应，能直接影响经济增长速度的快慢，并提高经济整体的绩效水平。目前，我国作为"世界工厂"已经具备一定实力的工业生产能力，但面对我国产品附加值小，技术含量低、品牌效益差的状况，提升产品在国际分工价值链中的地位，提升"微笑曲线"中的产业分工地位仍是困扰我国产业升级的"瓶颈"之一。生产者服务业

是从制造业中分离出来的，具有规模效益、降低成本、节约能源、发挥人力资本优势以及高附加值的特点，其发展对调整我国产业结构和发展模式都具有重要的促进作用。同时，基于我国现有成熟的工业生产模式，在此基础上优先发展生产者服务业是具有有效循环性的。

基于我国现有的工业基础，优先发展生产者服务业是有利于我国实现从工业经济向服务经济转型过程中的产业升级的。在此过程中，基于后工业经济时代中的美国生产者服务业发展过程中出现的问题，我们应该及早建立起预防警示，即有效实现生产者服务业与制造业的融合、互动，促进两者互促互进式发展。针对我国目前现有的生产者服务业与制造业的融合互动现状，我国应在产、学、研一体，工、商、贸结合方面，再做进一步探索，真正做到以制造业发展为中心，使服务业在围绕制造中心发展的前提下，有效地将部分专业化的中间产品向生产中转化，实现生产者服务业提升制造业价值增值的作用。与此同时，我们更需要注重转变制造业被动接受生产者服务业的局面，提升制造业对生产者服务业的主动需求，从被动接受到主动寻找的方向转变，使生产者服务业向制造业中渗透的同时，制造业也反向促进生产者服务业发展的良性、互动局面。积极地将生产者服务业提供的高附加值产品作为中间投入品，继续参与生产过程，以提升最终产成品的价值增值；制造业作为生产者服务业的母体和根基，它的发达将为我国发展生产者服务业提供更高的起点，建立有利于生产者服务业与制造业衔接的激励机制。结合我国生产者服务业先行在经济发达地区和大都市发展的现状，建立大都市生产者服务业与周边制造业相互作用的机制，必要时采取一些优惠政策促使两者实现更有效的吻合。

尤其值得一提的是，我们需要明确生产者服务业的目的。与传统制造业相比，生产者服务业具有利润高、收效快、回报丰厚等特点，从而具有更大的诱惑力。但基于美国的经验教训我们可知生产者服务业的根基仍然是制造业。因此，在此对我国发展生产者服务业的有效警示是，基于制造业发达的基础上积极发展具有高附加值的生产者服务业，同时生产者服务业的成果反过来再促进制造业的进步，两者的有效融合将成为我国未来经济发展的一个良性循环方向，也为我国尽快、有效实现产业升级、经济转型和优化产品结构提供了有效、可行的保障。我们可适当采取一些措施，注意不将生产者服务业过多地投入到制造业之外的产业中，如消费者服务业和政府服务业。尽力减少服务业间的多重叠加，从而造成价值增值的重复计入和泡沫经济的产生。在发展金融、保险等虚拟经济时，尤其注重与制造业间的平衡与互动。防止出现因过度重视虚拟经济而放松对制造业的发展力度。在地区经济发展方面,我国应进一步加大对生产者服务业的投资力度,同时增强与生产者服务业发达地区的横向联合,积极地将生产者服务业的中间成果向制造业中转化。尤其注重人力资本在生产者服务业中的作用发挥,积极引进高素质的专业化人才,鼓励开办和创建地方生产者服务业,提供有利条件促进我国生产者服务业和制造业的同步、协调发展,从而避免出现美国生产者服务业与制造业分离发展的现象,维护虚拟经济、实体经济的均衡、正常运转。

我们应进一步优化我国市场经济的法制环境,使经济发展遵循市场规律,建立相对较完善的规制。

三、大国经济稳固图的提出

基于以上对中美两国生产者服务业现状的分析和研究,结合 2008 年美国金融危机的经验、教训,在此提出一个大国经济稳固图(见图 5-3)。对于一个健康、有效的经济体来说,尤其是一个大国,农业和工业的发展应是经济的基石、根本和重中之重,这一点是需要坚持的。

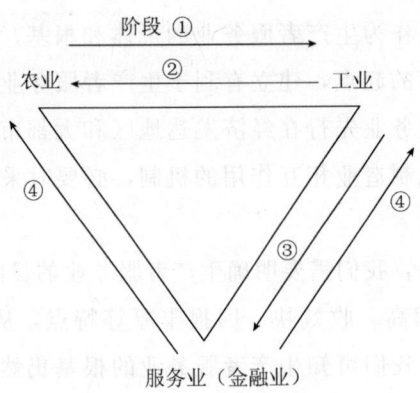

图 5-3 大国经济稳固图

结合图 5-3 来看,一个大国的经济先以发展农业为开端,在农业发达的基础上开始发展工业,即图 5-3 的过程①;发达起来的工业会进一步促进农业的进步,即由工业制造、加工的农器具、机械产品成为提高农业生产效率的重要工具,即图 5-3 的过程②;经过一国农业、工业的发展后,随着经济的进一步提升,一国为实现产业升级和结构优化,为争取国际产业链条中的高端行业开始向服务业发展,即图5-3的过程③;但光有发达的服务业还远远不够,即服务业的成果要向农业、制造业转化,也就是图5-3的④的过程。我们知道一国经济的发展以农业为一切的基础,准确地说,一国经济、社会稳定的基础是农业发展。当然,在整个循环过程中,任何一个过程与消费者的生活水平都是不可分的,通常经济越发达,消费者的生活越好。也就是说,消费水平与经济发展是呈正相关的。

结合当今经济的发展进程,这也是为什么在今天这种全球化趋势下,在农业附加值日益减小,在世界产业链条处于低端,对一国经济增长贡献度不断减小的情形下,以农业和非农产品市场准入问题为核心的多哈回合谈判仍多以无重大成果而告终的原因。因为任何一个谈判国都要最大限度地争取对本国农业的保护权,农业的发展对一国经济,甚至政权独立都产生了至关重要的作用。在解决了吃饭问题后,为进一步满足人们日常用消费的需要,发展一国工业自然也是必不可少的环节。当然,在"全球村"的年代国与国之间的交往日益紧密,国际贸易无处不在,一国生产、生活用品可以通过贸易从他国购买。但在此,我们不得不强调一国制造业对该国整个经济发展的促进、带动作用。如果我们放弃制造业或将其置于从属地位,不久后就会发现整个经济体发展的异常性。2008年美国金融危机的爆发就是一个很好的范例。美国一味地追求产业链条高端的金融业发展,结果因为忽视了工业进步而导致实体经济与虚拟经济的分离后引发的虚拟经济畸形膨胀乃至金融危机。因此,大国经济以农业、工业为基石,在两者发达的基础上再向服务业发展是必然的趋势。

这里,需要特别注意的是发达后的服务业需要回归到农业和工业中去。因为农业、工业才是一个大国经济进步、健康、持久发展的根本。若因为服务业收益高而只一味地发展服务业,却忽略了农业和工业,这种想法和出发点是大错特错的,不利于一国经济的稳定、健康发展。美国在大力发展服务业的过程中出现的问题就在于虽然重视了大国经济稳固图的顺向发展,但忽视了这一过程的逆向回流。实际上,大国经济稳固图的正向变动是经济发展的过程,而回流的过程才是真正的经济目的。也就是说,一个大国服务业的发达不是最终目标,真正的目的应是更发达的农业和工业,即人们实际生活水平的提高。

在这里,考虑到服务业中权重大的生产者服务业,我们吸取美国金融危机的经验、教训得知,生产者服务业的成果是一定需要向制造业等实体经济转化的,否则就会失去我们发展生产者服务业的正确目标而犯本末倒置的错误。农业、工业是马克思所指的劳动过程，在这一过程中生产的产品不仅可以直接消费，也可以用于间接交换。也就是说，发展实体经济我们拥有主动权、自主权；而服务业的发达，更多提供的是需要他人接受的间接生产、生活成果，这一成果需要在市场上经过交换之后才能换回直接用于消费的生产、生活用品，即服务业的生产者实际上处于经济社会的被动处境。因此，我们可以看出大国经济稳固图逆向流动的重要性。

目前，美国是世界最大的债务国，同时，将大多数制造业向第三世界国家的转移，使美国国民生产总值主要来自服务业。依据大国经济稳固图来分析，其中就必然潜藏着较其他国家更大的风险。

因此，一个大国在先发展农业、工业的基础上向高科技、高知识含量、人力资本聚集的服务业发展是正确的方向；但这只是其中的一个轮回。我们必须清醒地认识到，发展服务业的最终目的是用发展起来先进的服务业来为工业、农业等实体经济的发展服务，这才是服务业发展的最终目的，从而完成了有利于整个国家经济良性运转的循环过程，即以发展农业、工业为基础，以服务业为催化剂，同时服务业反过来再推进实体经济（工业、农业）的更快发展（见图5—3）。相反，若只是一味地追求服务业中虚拟经济的发展，从长远讲必然是弊大于利，严重的甚至会殃及大国的经济稳定而引发经济危机。

因此基于美国经济危机的经验启示，我们应该吸取这个惨痛的教训，清楚地明白对于一个大国经济，要持久发展，最终依靠的是劳动生产率的提高，人们生活水平的真实改善，而生产者服务业的快速发展是必须与制造业有效融合、互动后才能真正、有效促进实体经济与虚拟经济共同增长，并维持经济长期、健康、正确发展。这对正处于经济转型期、将开始大力发展服务业的中国来说，具有较强的借鉴作用。

第四节　本章小结

一、基本结论

本书通过使用投入产出法，运用2002年数据对我国30个省、市、自治区生产者服务业的现状及与制造业融合互动性进行了研究，由此得出以下结论：

（1）从我国生产者服务业的总体状况来看，在开放度高、经济发达地区的生产者服务业在所在地区的产业中占有相对较高的比例,说明其生产者服务业较其他地区相对发达。运用中间需求率、中间投入率分析后发现我国生产者服务业总体的主要特征表现为低附加值、高带动性以及发展动力主要依靠中间需求。这一方面说明我国生产者服务业尚处于初级的发展阶段,主要表现为制造业的中间需求,但另一方面的可喜之处是我国生产者服务业对制造业有较大推动和促进作用。这是生产者服务业促进经济发展的一个良好表现。

(2) 运用双向融合互动分析法将我国生产者服务业与制造业的相互作用分为前项阶段和后项阶段。本书中运用制造业与生产者服务业间投入率、需求率的相互关系分析我国生产者服务业与制造业间融合互动性的状态。结果表明我国生产者服务业的总体发展水平尚处于起步阶段,水平不高。制造过程中的生产者服务业投入比例较低,同时制造业对生产者服务业的融入量更少。虽然我国生产者服务业总体水平还较低,但可喜之处是在我国开始起步发展的生产者服务业已经对制造业产生了正向作用,甚至在浙江、江苏等省表现出被制造业消耗的生产者服务业倍数增长的需求。

(3) 为进一步分析我国生产者服务业与制造业融合后两者的价值变动,本书运用产业价值创造力计算其变化状况。结果表明我国经济开放程度较高的大都市、省份,如北京、上海、广东、天津的制造业在融入生产者服务业后的价值变化实际不及一些相对封闭的省份,如广西、江西、内蒙古、青海等地。说明我国目前集中在大都市发展生产者服务业的价值转变能力不及一些能将两者更好融合起来发展的省份。

(4) 本书同时运用衡量产业间相互波及作用的有效工具——感应力系数和影响力系数,进一步分析了我国生产者服务业与制造业间前相关性和后相关性的相互感应和影响作用。结果表明在我国30个省、市、自治区,总体上表现出我国生产者服务业对制造业较强的前项需求拉动作用,但在后项阶段中制造业对生产者服务业并未表现出有效的后项联动性。也就是说,在我国处于起步阶段的生产者服务业从制造业中分离出来后,因规模效益作用下的低成本、专业化已可以为制造母体提供使用其创造的中间产品而发挥提高需求和经济效益的作用,但目前制造业尚未表现出对生产者服务业有效的后项联动作用。

二、相关政策建议

依据生产者服务业自身的特点,即从制造业中脱胎出来以服务经济形式存在的产业是符合我国当前经济发展现状的。发展中的第二产业，为我国进一步发展生产者服务业提供了有利条件。

（1）目前，我国的生产者服务业总体发展水平还较低，但依据生产者服务业已对我国制造业发挥的良性作用，继续加大发展生产者服务业的步伐，尽力发展在制造业基础上的服务业将成为我国顺利实现产业升级、经济转型的有效举措。

（2）针对我国目前现有的生产者服务业与制造业的融合互动现状，我国应在产、学、研一体，工、商、贸结合方面，再做进一步探索，真正做到以制造业发展为中心，使服务业在围绕制造业发展的前提下，有效地将部分专业化的中间产品向生产中转化，实现生产者服务业提升制造业价值增值的作用。与此同时，我们更需要注重转变制造业被动接受生产者服务业的局面，提升制造业对生产者服务业的主动需求，从被动接受到主动寻找方向转变，使生产者服务业向制造业中渗透的同时，制造业也反向促进生产者服务业发展的良性、互动局面。

（3）进一步优化我国市场经济的法制环境，使经济发展遵循市场规律，建立相对完善的规制。生产者服务业的发展多是在商业运作的环境中发展起来的，是市场行为的表现。因此，良好的经营环境和有效的治理规则都是促使生产者服务业沿着正确轨道发展的必要条件。

（4）针对我国大都市着力发展生产者服务业的政策给予进一步的支持与鼓励。但与此同时，诸如上海、北京、广东等开放城市、省份在借助良好公用设施，市场经济发达，交通、通信便利的基础上，建立以大都市为中心向周边地区辐射的格局。同时进一步注重大都市生产者服务业的成果向制造业中有效转化的过程，增强两者间的双向良性互动。发展大都市的生产者服务业与周边地区制造业的有效结合，实现两者的融合互动，避免出现生产者服务业的单一发展，造成与制造业分离的局面。

（5）在地区经济发展方面，我国应进一步加大对生产者服务业的投资力度，同时增强与生产者服务业发达地区的横向联合，积极地将生产者服务业的中间成果向制造业中转化。尤其注重人力资本在生产者服务业中的作用发挥，积极引进高素质的专业化人才，鼓励地方生产者服务型产业的开办和创建，适当提供有利条件促进其发展，真正实现我国生产者服务业和制造业的同步、协调发展。

第六章 我国生产者服务业与对外贸易的关联度研究①

国际服务贸易是近20多年来世界经济中一个新兴的重要领域，正在受到越来越多国家的关注和重视。改革开放以来，我国服务贸易得到了快速发展。生产者服务业作为我国国际服务贸易的重要组成部分，在其中发挥了重要作用。中国作为世界最大的发展中国家，自1993年起就呈现出货物贸易的顺差态势，并逐年大幅度递增。2008年我国货物贸易进出口总额已经达到25616亿美元，同比增长17.8%，居世界第三位。相比较而言，国际服务贸易作为我国对外贸易中的又一大类别，从1982年起至2005年，出口增长近29倍，年均增长15.9%，为全球平均增长水平的2倍，在世界排名由1982年的第28位上升到2005年的第8位，进口世界排名由第40位上升到第7位。但同期我国国际服务贸易出口额占贸易出口总额的比重一直在10%以下，仅为全球平均水平的一半，长期处于逆差状态，并呈逐步扩大趋势。

第一节 国际服务贸易的概念及我国的发展现状

西方学者对国际服务贸易概念的探讨是从"服务"本身开始的。

一、国际服务贸易的概念

1977年，希尔（T. P. Hill）提出了为理论界所公认的服务概念。希尔指出："服务是指人或隶属于一定经济单位的物在事先合意的前提下由于其他经济单位的活动所发生的变化……服务的生产和消费同时进行，即消费者单位的变化和生产

---

① 本章部分内容发表于《经济学家》2010年第4期。

者单位的变化同时发生,这种变化是同一的。服务一旦生产出来必须由消费者获得而不能储存,这与其物理特性无关,而只是逻辑上的不可能……"20 世纪 80 年代中期,巴格瓦蒂(J. N. Bhawgatti, 1984)及桑普森(G. Snalposn)和斯内普(R. Snape, 1985)相继扩展了希尔的"服务"概念。首次提出"服务贸易"的概念是在 1972 年 9 月经济合作与发展组织(Origization of Economic Corporation and Development, OECD)的《高级专家对贸易和有关问题的报告》中。之后学者们从多个角度对国际服务贸易做出了自己的阐释,如格鲁伯(H. G. Grubel, 1987)直接把国际服务贸易定义成人或物的国际流动。

通常,国际服务贸易即是国际间服务的输入和输出的一种贸易方式。贸易一方向另一方提供服务并获得收入的过程被称作服务出口或服务输出,购买他人服务的一方称为服务进口或服务输入。国际贸易狭义的概念是指传统的为国际货物贸易服务的运输、保险、金融以及旅游等无形贸易;而广义的概念还包括现代发展起来的、除了与货物贸易有关的服务以外新的贸易活动,如承包劳务、卫星传送和传播等。

在中国学者中探讨国际服务贸易是从 20 世纪 90 年代开始的。由于服务自身的复杂性以及服务业包含内容的广泛性,长久以来学术界和各国政府对国际服务贸易的定义和范围的界定各持己见,认识统一的过程相当艰难。近 10 年来,在发达国家的带动下、各类经济贸易组织的推动下以及发展中国家的响应参与下,各界对"服务贸易"定义与内涵的认同逐渐趋于一致。从定义上来看,"国际服务贸易"有广义和狭义之分,狭义的国际服务贸易是无形的,是指发生在国家之间的符合于严格服务定义的直接服务输出与输入活动;广义的国际服务贸易既包括有形的劳动力的输入输出,又包括无形的提供者与使用者在没有实体接触的情况下的交易活动,如卫星传送和传播、专利技术贸易等。

二、我国国际服务贸易的发展现状

自改革开放以来,我国的国际服务贸易取得了长足发展。1984 年我国国际服务贸易出口额为 27.8 亿美元,在世界排名第 25 位。2006 年我国国际服务贸易出口额达到 919.99 亿美元,在世界排名升至第 8 位,服务贸易进口额达到 1008.33 亿美元,在世界排名第 7 位,成为世界服务贸易进出口前十强之一。与同期的国际货物贸易相比,虽然国际服务贸易所占比重较小,但其增长潜力较大。由于服务概念和种类的界定比较困难,国际服务贸易比货物贸易具有更强、更隐蔽的贸易壁垒和限制。以美国为首的发达国家凭借高水平的教育、先进的科学技术和信息服务等产业的快速发展,在世界范围内大力推行国际服务贸易自由化。同时发展中国家一方面考虑到未来服务贸易的战略地位而加强了对它的重视,另一方面也正在积极地利用后发优势、借鉴发达国家的先进经验努力发掘潜力,迎头赶上。目前国际服务贸易在世界范围内呈现的特点包括:国际服务贸易的发展迅速,表现出强劲的增长势头。1980~2006年,全球服务贸易规模已经从8328.03亿美元扩大到55918.12亿美元,其间增长了6.7倍;国际服务贸易结构向高级化方向发展。2004年,通信服务、建筑服务、保险服务、金融服务、计算机和信息服务,以及特许权使用和许可、专业服务等现代服务的贸易已经占到整个服务贸易的将近一半(薄熙来,2005);发达国家是国际服务贸易的主体,在国际服务贸易中占有决定优势。欧美等发达国家的服务进出口额已经占全球服务进出口总额的75%以上。其中,美、英、德三国就大致占到全球服务贸易总额的30%,美国在其中占最大比重。2006年,全球十大服务贸易出口国(地区)依次是:美国、英国、法国、德国、意大利、日本、西班牙、荷兰、比利时—卢森堡和中国香港;十大服务贸易进口国(地区)依次是:美国、德国、日本、英国、意大利、法国、荷兰、比利时—卢森堡、中国、加拿大。从各个方面的数据来看,国际服务贸易在世界贸易中的地位及其未来发展的趋势为:当前世界贸易的主体仍然是货物贸易,货物贸易在当今的世界贸易中占据着大部分的比重。尽管这一比重有下降的趋势,但在未来相当长的一段时间内,货物贸易的主体地位不会迅速改变;经济发展与合作组织(Organizationof Economic Coperation and Development,OECD)(2000)的研究认为,当前服务贸易在世界贸易中的份额较低,这主要是由于服务贸易市场广泛存在贸易壁垒造成的,因为服务贸易的自由化程度远不如货物贸易来得高。就服务贸易而言,发展中国家一直处于逆差,在20世纪80年代和90年代时相对有一些改善,而发达国家作为一个整体在过去20年里一直是顺差(杨凤鸣,2005)。

三、与世界服务贸易的横向比对

从整体来讲,世界服务贸易发展的速度稍快于货物贸易。

(一)世界服务贸易整体发展状况

2002年,全球服务贸易出口额创造了新的纪录,服务出口规模已经是货物出口规模的1/4,发达国家与发展中国家的差距仍呈扩大态势。英、美等第一梯队国家在工业化后期时,即19世纪与20世纪之交到20世纪中期服务业已超过工业。目前,发达国家服务业的增加值占GDP的比重一般为60%~

70%，中等收入国家一般在50%~60%。以美国为例，国际服务贸易的发展在对外贸易中的比例呈不断上升趋势。多年以来，美国一直是世界服务贸易的第一出口大国。自1976年开始就连年顺差，近年来服务出口约占出口总额的1/3。2001年美国国际服务贸易顺差高达790亿美元，因此抵消了18%的商品贸易赤字，对平衡国际收支起到了不可低估的作用。2006年，世界国际服务贸易出口继续扩大，比2005年增长10.6%。传统的自然资源或劳动密集型的服务贸易，正逐渐转向知识、智力或资本密集型的新兴服务贸易。以通信、金融、保险、计算机和信息服务为代表的"其他商业服务"增长最快，占比从2005年的47.8%上升至2006年的49.7%。旅游、运输等传统服务贸易部门保持稳定增长，但所占比重下降。近十年来，生产者服务业是世界经济中增长幅度最快的行业，它已经成为外国投资的重点。以OECD国家为例，对外直接投资中服务业投资的总额明显高于制造业，且主要集中在金融、商业服务、工业信息服务业中。据《2002年世界投资报告》，2001年美国吸收的外国直接投资中有1/3投向了金融保险领域；欧盟吸收的外国直接投资主要用在公共服务、媒体、金融等领域；日本跨国公司在英国的投资5成以上集中在金融保险部门。几乎在所有国家，服务业的表现都能影响经济增长的快慢，由于具有广泛的关联效应，更有效的生产者服务业（金融、通信、国内运输和专业服务）可以提高整体经济绩效，这些行业共同发挥作用，对提高国内生产率至关重要。发达国家的经济主体已经从原来的制造业向服务业转型，其生产性服务业的增长远远超出服务业的平均增长水平，发展速度非常引人注目。在OECD国家中，金融、保险、房地产及经营服务等生产性服务行业的增加值占国内生产总值的比重均超过了1/3。

（二）我国国际服务贸易发展的现状

中国作为一个发展中大国，于2001年12月加入世界贸易组织。自加入世界贸易组织以来，中国在对外贸易中取得了较大的进展。2006年我国国际服务贸易进出口总额为1928.32亿美元，较2005年增长21.89%。国际服务贸易出口、进口世界排名分别为第8位和第7位。在过去的15年中，我国服务出口年增长率均保持在9%以上，超过世界平均水平。虽然我国服务贸易的增长速度很快，但整体出口规模与中国的经济实力相比仍然较小，与货物贸易相比也处于劣势，总体呈服务贸易逆差状态。生产者服务业作为服务贸易中利润空间最大、提升速度最快、附加值最高的部分必然成为我国有效提升服务贸易发展的重中之重。

第六章 我国生产者服务业与对外贸易的关联度研究 | 103

据世界各国区位分布，依北美洲、南美洲、欧洲、亚洲的地区分布，构建五国国际服务贸易比对图，依时间不同动态研究目前中国国际服务贸易在世界贸易中所处的地位。如表6－1所示。

表6－1 五国国际服务贸易进出口状况比对

单位：百万美元

地区	国别	年份	2000	2001	2002	2003	2004
北美洲	美国	进口	209049	206131	211272	228535	259999
		出口	278468	268417	274852	287695	318297
		顺差	69419	62286	63580	59160	58298
南美洲	巴西	进口	15574	15825	13496	14350	16066
		出口	8961	8718	8790	9570	11473
		逆差	6613	7107	4706	4780	4593
欧洲	英国	进口	96279	96594	104890	119021	136068
		出口	117751	116293	128758	145767	171799
		顺差	21472	19699	23868	26746	35731
亚洲	中国	进口	36030	39267	46528	55306	72133
		出口	30431	33334	39745	46734	62434
		逆差	5599	5933	6783	8572	9699
	新加坡	进口	27317	28243	29608	29423	36193
		出口	29307	29005	29894	30622	36542
		顺差	1990	762	286	1199	349

资料来源：世界贸易组织《世界贸易发展年度报告》整理得来。

从表6－1中的世界五国国际服务贸易进出口额的比对图中看出，自2000年至2004年间，美国、英国、新加坡作为发达国家的代表始终保持国际服务贸易的顺差态势，而作为发展中国家的代表中国和巴西服务贸易呈逆差状态。如图6－1所示。

从图6－1中可以看出，中国国际服务贸易逆差呈不断增加的动态趋势。这说明我国与同期其他发达国家和地区相比在服务贸易对外发展方面进步缓慢。因此，基于生产者服务业成为服务业日益重要的门类，在整体服务业和国民经济中的地位和作用不断上升，加快发展生产者服务业已成为我国经济进入新阶段的必然选择。

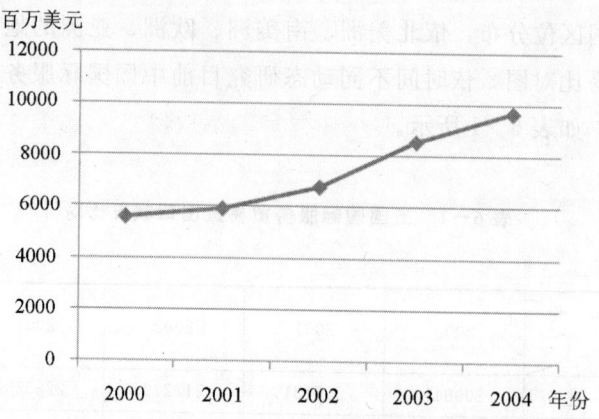

图 6—1　2000～2004 年我国服务贸易逆差趋势

第二节　生产者服务业对国际贸易的贡献度研究

目前，我国国内尚未建立起对国际服务贸易的统计体系，因此只能从国际方面考虑获取统计数据。国际上对各国国际服务贸易统计比较权威的主要有 WTO、IMF 和 OECD 三大机构。

本书在借鉴 Either（1982）、Dixit 和 Stiglitz（1971）以及 Yunjong Wang（1993）模型的基础上，充分考虑生产者服务业在国际贸易中的作用，建立数学模型。

一、数学模型的建立

考虑一个一般均衡模型在封闭条件下有 Y 个竞争部门，最终产品是用劳动力（L_Y）和生产者服务业汇总得到的 $S=(S_1,\cdots,S_n)$，这里所指的生产者服务业是具有专业技术、特定领域研究和成绩的专家提供的。

在竞争环境下设定生产函数为：

$$Y_i = Y_i(L_Y, S) \tag{6-1}$$

在市场规模为 n 个厂商的条件下，式（6—1）具有固定的规模效应。为便于控制变量，在此假设生产函数是一致的，生产者服务业 S_j 是对称的，尤其适用于式（6—1）的生产函数。

$$Y = AL_Y^{1-\beta}\left[\sum S_j^a\right]^{\beta/a} \text{（其中：} 0<a<1,\ 0<\beta<1\text{）} \tag{6-2}$$

这里 L_Y 指最终产品生产过程中雇佣的非熟练劳动力。本书的模型着重突出因生产者服务专业化而带来的生产收益。同时，为简便起见，我们设定每个生产者服务业仅使用人力资本作为投入元素，并规定单位人力资本具有固定成本。这个固定成本指用于产生不同生产者服务业所需的培训费用。一旦具有不同技能的生产者服务业形成了，就成为一种固定的无形资产。为简化起见，在此假设生产者服务业 S_j 的边际成本为一个单位人力资本。

假设生产者服务业 S_j 的边际成本为一个单位人力资本，在生产函数 Y 中生产者服务业 S_j 的成本为：

$$W_H S_j + W_H F \tag{6-3}$$

其中，W_H 表示人力资本的单位价格。

在此，生产者服务业形成了积累性的水平差异性中间投入。在产品 Y 的生产过程中，给定累积数量的生产者服务业应用到产品 Y 的生产过程中，生产者服务业的投入使生产函数的产出增加。因此，因具有各种不同生产者服务业的专业化投入会促使产品收益增加。

此外，最终市场上产品的竞争决定了边际成本价格 S_j。在产品 Y 的生产过程中推导出生产者服务业的需求：

$$S_i = (\sum P_S^{1-\epsilon})^{-1} P_i^{-\epsilon} \beta P_Y Y \tag{6-4}$$

现存的生产商 S_i 在垄断竞争中，每个生产商都采用与竞争对手一致的价格，产出和最终产品的价格，每个生产者在一致性弹性 $1/(1-\alpha)$ 下推导出需求。每个厂商获得的收益都超出了边际成本。为简化起见，我们假设只有一个单位的人力资本被用于生产一单位的生产者服务业。利润最大化也意味着：

$$P_i = W_H / \alpha \tag{6-5}$$

W_H 为生产者服务业的工资水平。S_i 厂商的利润为：

$$\pi_i = (1-\alpha) P_i S_i \tag{6-6}$$

在此，我们假设所有的生产者服务业来自同一个国家。有相同的价格，使用相同数量的生产者服务业，ns 给定为：

$$ns = \beta P_Y Y / P_S \tag{6-7}$$

其中，P_S 指生产者服务业的代表性价格。在最终产品 Y 的希克斯技术进步中我们引进了新的生产者服务业。

假定不同的生产者服务业随着研发进步和在国际贸易互通有无中被不断引进。一旦多样性的生产者服务业发展起来，就成为具体的企业资产被加总起来，生产者服务业的新产业是一个利用人力资本和知识技术的函数。H_n 单位的人力资本从

事到人力资本的创新中,产生出新的人力资本:

$$n = H_n K / F \tag{6-8}$$

这里设定消费者效用最大化的函数:

$$V_t = \int_t^\infty e^{-\rho(\tau-t)} \log C_\tau d\tau \tag{6-9}$$

效用最大化的解决方法是用 Euler 等式:

$$\dot{C}_t / C_t = r(t) - \rho \tag{6-10}$$

ρ 代表消费者佣金率,C_t 代表 t 时刻的消费。这样,消费的增加或减少就随着消费者佣金率变化。

在货物市场上,固定均衡为:

$$C_t = Y_t \tag{6-11}$$

这里,产品 Y 的生产者价格为:

$$P_Y = W_L^{1-\beta} P_S^\beta n^r \ r = \beta(1-\alpha)/\alpha \tag{6-12}$$

若我们将 $r(t) = \dfrac{(1-\alpha)ns}{\alpha F} + \left[\dfrac{\dot{W}_H}{W_H} - \dfrac{\dot{n}}{n}\right]$ 代入式(6-7)中,得到:

$$\dot{Y}/Y = [(1-\alpha)ns/\alpha F] + \left[\dfrac{\dot{W}_H}{W_H}\right] - \left[\dfrac{\dot{n}}{n}\right] - \rho \tag{6-13}$$

均衡条件反映了市场出清的状况,利用式(6-12)得:

$$P_Y = W_L^{1-\beta} \left[\sum P_i^{1-\varepsilon}\right]^{\beta/1-\varepsilon} \varepsilon = \dfrac{1}{(1-\alpha)} \tag{6-14}$$

利用谢泼德原理,我们可以看到最终产品生产者需要的雇员数为 $(1-\beta)Y/W$。因为劳动力是被直接雇佣到最终产品的生产中:

$$(1-\beta)Y/W_L = L \tag{6-15}$$

这里 L 指可得劳动力的总和。相比较,人力资本是由生产和研发部门提供的。如下方程:

$$\dot{n} = H_n K / F \text{(其中:} K = n) \tag{6-16}$$

指在研发中所需要以速度 n 投入的人力资本量。因此,人力资本总的需求为 ns, Fg,可得:

$$ns + Fg = H \tag{6-17}$$

这里 H 是总人力资本份额,利用方程 $P_i - W_H/\alpha$,我们可以得到:

$$\dfrac{\dot{n}}{n} + \dfrac{ns}{F} = \dfrac{H}{F} \tag{6-18}$$

W_L, W_H, P_S 的增长率为 rg，以上等式可以写成：

$$\dot{n}/n + ns/F = H/F \qquad (6-19)$$

$$g = \frac{\dot{n}}{n} = (1-\alpha)[H/F + \rho] - \rho > 0 \qquad (6-20)$$

这里，假设上式大于零，Romer（1990）提出了一个只有人力资本的研究模型，相对的价格条件被定义为：

$$W_H/W_L = \beta/(1-\beta) \cdot L/(H + \rho F) \qquad (6-21)$$

在这里，我们将研究的环境再扩充至两国的一般均衡贸易。我们假设两国有相当的技术、发展因素，在贸易中两国都不具有竞争优势。这里应用产业内直接投资，在专业化日益突出的情况下规模报酬存在，多国间自然产生生产者服务业。因此，从贸易中获得的收益因世界经济多样化的生产者服务业而多于单一国家的种类。

现在，我们只是简单地确定世界经济均衡、对称条件下确定两国相同的价格机制。由任一国家生产的产品和服务都相同。与封闭均衡相比，外国分支机构提供了在本土市场上对最终产品产生的额外生产者服务业。同一个生产者服务在本国市场上对国内和国外市场上提供不同的服务。因此，生产者服务业的总数量为 $N = n + n^*$。最终产品部门的竞争确定了边际成本价格。因此，最终产品的生产价格为：

$$P_Y = W_L^{1-\beta} P_X^\beta N^{-r} \qquad (6-22)$$

这里，$r = \beta(1-\alpha)/\alpha$，从以上方程中我们可以看出在最后产品 Y 中加入的额外生产者服务业作为希克斯中性技术进步一样运作。此外，在国内市场上，技术不仅来源于自身新的生产者服务业，同时来自外国新的生产者服务业。大量的生产者服务业随着时间的积累不断增加。

知识的溢出是在一个特定的国家内发生。我们有相同的技术进步率 g。因此，在生产者服务业中，贸易解放在增长率上存在相同的创新率。这样，生产率的收益来自被转移的劳动和人力资本。

在这样的假设下，我们有：$\dot{n} = H_n K/F$。其中，K 指在世界范围内得到的知识在两国知识溢出时，如果两国具有相同的投入要素，贸易解放会使两国从国际贸易中受益。

从以上的推理模型中，我们得出在静态、动态相结合的状态下生产者服务业随时间的不断累积有利于开放国从国际贸易中受益。

二、计量模型的建立

结构模型建立方法利用经济理论来描述变量之间的关系。向量自回归（Vector Auto、Regression-VAR）模型通常用于相关时间序列系数的预测和随机扰动对变量系统的动态影响。结构模型避开了建模方法中需要对系统中每个内生变量关于所有内生变量滞后值函数的建模问题。尤其向量自回归模型用来刻画和描述几个变量之间共同变动的关系,分析一个变量的微小变化对其他变量产生的影响,包括这种影响的大小、方向以及持续时间的长短。在本书中应用向量自回归模型来研究我国生产者服务业与国际贸易间的相互影响作用。

向量自回归模型有以下形式:

$$Y_t = c + \varphi_1 Y_{t-1} + \varphi_2 Y_{t-2} + \varphi_3 Y_{t-3} + \cdots + \varphi_p Y_{t-p} + \varepsilon_t \qquad (6-23)$$

其中,C 为常数据列向量,Y_t 为向量在时刻 t 的取值,Y_{t-1},Y_{t-2},…,Y_{t-p} 为各期滞后值,φ 为相应的系数矩阵,ε_t 为随机扰动列向量。

本书中涉及的中国生产者服务业数据,以国家统计局网站上公布的 2008 年中国统计年鉴为准。本书选取 1982～2006 年生产者服务业中各业的年产出为生产者服务业变量的取值。其中生产者服务业的数据以汇总交通运输、仓储和邮政业,批发和零售业,金融业和房地产业得到,在本书中以变量 M 表示。为从实证角度研究生产者服务业与我国国际贸易的相互关系,在此,以我国年度国际贸易的数值为统计量。从联合国贸发会议网站(www.unctad.org)2008 年对外贸易数据统计手册上查找到我国 1978～2007 年货物贸易进出口数据和服务贸易进出口数据,加总后得到国际贸易数据,在本书中以变量 T 表示。

为保证检验结果的正确性,在此采用 Dickey 和 Fuller(1981)提出的 ADF 方法和 Phillips、Perron(1988)提出的 PP 非参数法进行单位根检验。

Stock 和 Watson(2003)研究结果表明,绝大多数经济时间序列的标准差与其水平值呈近似比例关系,其序列对数的标准差近似为常数。也就是说如果我们取对数可以减少经济时间序列中的异方差存在性。因此,根据前面的分析本书对上述变量数据进行计算和调整后,做对数处理,以 LN 表示。同时,以 D 表示变量的一阶差分,从而得到本书模型中变量对应的一阶差分对数序列为:DLNM、DLNT。

(一)单位根检验

首先应用 ADF 单位根检验本书中原始数据序列 M、T 和取对数经差分后的新变量 DLNM、DLNT 进行 ADF 单位根检验,结果如下(见表 6—2):

经过一阶差分后的序列 DLNM、DLNT 均呈平稳时间序列。

(二)Johansen 检验

如果序列 $\{X_{1t}, X_{2t}, \cdots, X_{kt}\}$ 都是 d 阶单整,存在向量 $\partial = (\partial_1, \partial_2, \cdots, \partial_k)$,使得:

表6-2 单位根检验

变量名	检验形式	ADF值	临界值（5%）	PP值	临界值（5%）	结论
M	（W，T，1）	1.868674	-3.5796	4.219725	-3.5731	不平稳
DLNM	（W，T，1）	-5.780999	-3.5943	-5.165568	-3.5867	I(1)
T	（0，T，1）	1.428917	-2.9705	-5.033099	-2.9798	不平稳
DLNT	（0，T，1）	-4.944750	-3.5943	-5.351398	-2.9750	I(1)

注：W表示常数项，D表示时间趋势，N表示滞后期，滞后期由AIC、SC确定。其中常数项（W）、趋势项（T）的确定方法是：先检验时间序列中含有趋势项和常数项的情形，若包含单位根，则进一步检验只含有常数项不含有趋势项的情形；若仍含有单位根，则进一步检验不含有常数项和趋势项的情形。

$$Z_t = \alpha X^T \sim I(d-b) \tag{6-24}$$

其中，b>0，X=（X_{1t}，X_{2t}，…，X_{kt}）^{T}，则认为序列 ｛X_{1t}，X_{2t}，…，X_{kt}｝是（d，b）阶协整，记为$X_t \sim CI(d, b)$，α为协整向量（Cointegrated Vector）。

在此，以赤池信息准则（AIC）和施瓦茨准则（SC）以及最大似然比（LR）作为确定最优滞后阶数的标准。依据以上标准系统协整检验滞后阶数的最优滞后期为2期（见表6-3）。

表6-3 我国生产者服务业与国际贸易间协整关系检验

原假设方程数目	协整特征值	迹统计量1%	临界值概率	最大特征值5%	临界值	概率
没有	0.4305452	4.042771	5.494710.0020**	15.203051	4.26460	0.0354**
至多一个	0.279203	8.839725	3.8414660.0029***	8.839725	3.841466	0.0029***

注：***表示1%的置信水平下显著，**表示5%的置信水平下显著。

从以上迹统计量和最大特征值中可以看出，我国生产者服务业与国际贸易间至少存在一个协整关系，说明两者之间有长期、稳定的关系。

同时，我们得到标准化的协整系数（见表6-4）。

表6-4 我国生产者服务业与国际贸易间的正规化长期协整关系

	DLNM	DLNTC
1.0000	1.539655	-0.262123
	(0.63243)	

将协整关系写成数学表达式,并令其等于 $Vecm$,得到:

$$Vecm = DLNM + 1.539655DLNT - 0.262123 \qquad (6-25)$$

对序列 $Vecm$ 进行单位根检验,发现其为平稳序列,并且取值在 0 附近上下波动。变量 $Vecm$ 是向量误差修正模型的核心部分。在此,我们使用向量误差修正(VEC)模型对诸变量施加了协整约束条件的向量自回归模型。并且,$Vecm$ 模型只能用于有协整关系的序列建模。从式(6-25)的数学表达式中我们可以看出,从长期均衡关系来看,我国生产者服务业的变动会引起国际贸易的变更为大幅度的波动。生产者服务业每增加 1% 将使得我国国际贸易下降 1.54%。这一状况与我国在第三部分理论模型中推导的结论存在不符之处,对于这一状况的理解我们需要结合我国生产者服务业发展的现状,具体情况具体分析。我国的生产者服务业仅处于起步阶段,而生产者服务业作为一个人力资本聚集的高智能产业需要相对其他产业较长的人力资本储备、培养阶段。而我国目前的国际贸易结构中多以劳动密集型产品和低附加值的服务业为主,因此积累人力资本的生产者服务业的发展需要以消费当前的部分产值为其储备。由此,我们也不难理解在短期内我国生产者服务业具有与国际贸易的均衡关系,但从长期正规化的协整关系来看,在一定时期内,要促进我国生产者服务业的发展需要以消耗目前处于国际分工产业链条低端的一定数量的国际贸易为代价。一旦以人力资本为主要特征的生产者服务业提升后就会发挥对经济长期、持久的促进作用。美国新经济长达十年的繁荣就是一个很好的范例。

(三)误差修正模型和脉冲响应图及方差分解

利用参数估计结果给出描述我国生产者服务业与国际贸易间动态关系的一阶 VAR 方程:

$$\begin{bmatrix} DLNM \\ DLNT \end{bmatrix} = \begin{bmatrix} 0.012997 \\ 0.410028 \end{bmatrix} + \begin{bmatrix} 0.017204, -0.375532 \\ 0.154513, 0.275922 \end{bmatrix} \times \begin{bmatrix} DLNM(-1) \\ DLNT(-2) \end{bmatrix}$$

为进一步了解我国生产者服务业与国际贸易间的相互影响、脉动作用,在此再做脉冲响应图分析。如图 6-2 所示。

从图 6-2 的分析中我们可以看出,我国生产者服务业受到来自国际贸易的信息影响:第一期至第二期内生产者服务业受到国际贸易的影响先呈 0.01 的正向波动,自第二期后逐渐呈现出下降趋势,截止到第四期时生产者服务业受到国际贸易的影响呈现出负向波动达到 -0.036,这一负向变化一直持续到第六期后转为正向变动,逐渐呈现出持续、平稳的正向稳态。在此,尤其值得一提的是第二期至第六期间生产者服务业受国际贸易影响呈负向变化。这说明我国国际贸易会引起生产者服务业短期内因消化、吸收和适应过程而表现出的非正向变化,但从长久的变化状态来看,仍呈有效的正向脉动。与之相比,我国生产者服务业对国际贸易总体都呈现出正向脉动。尤其是在第四期达到一个较高水平有 0.02 的波动。这一结论与本书第二部分理论分析的结论是一致的。说明我国生产者服务业在专业化作用的基础上以相对突出的比较优势而利用国际贸易的发展。与脉冲响应函数相对应,方差分解是研究系统动态变化的另一种有效分析方法。

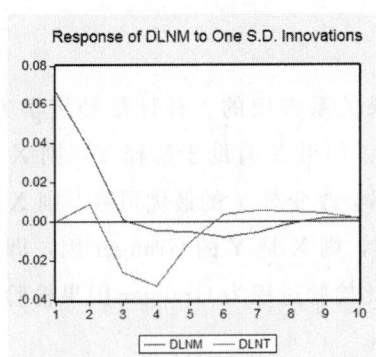 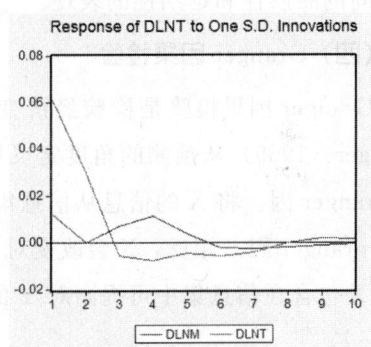

图 6-2　DLNM、DLNT 脉冲响应图

以上的脉冲响应函数分析了整个内生系统中每个变量对一个特定内生变量的冲击效应,而方差分解是研究 VAR 系统中每个内生变量的波动按其成因分解为与各方程新息相关联的组成部分,便于了解各新息对模型内生变量的重要性。我们可以做进一步分析(见表 6-5 和表 6-6):

表 6-5　变量 DLNM 的方差分解

时期	标准差	DLNM	DLNT	时期	标准差	DLNM	DLNT
1	0.066130	100.0000	0.0000	4	0.087358	75.15011	24.84989
2	0.076106	98.62455	1.375453	5	0.088187	74.08308	25.91692
3	0.080580	87.99260	12.00740				

表 6-6　变量 DLNT 的方差分解

时期	标准差	DLNM	DLNT	时期	标准差	DLNM	DLNT
1	0.062273	3.706691	96.29331	4	0.070826	6.359265	93.64073
2	0.068905	3.027541	96.97246	5	0.071081	6.596914	93.40309
3	0.069507	4.025036	95.97496				

从表 6－5、表 6－6 方差分解的结果来看，我国生产者服务业随着时间的深入，受到国际贸易信息的影响逐渐增大，说明我国国际贸易的发展对生产者服务业产生了促进作用；从对国际贸易方差分解的结果来看，虽然我国生产者服务业对国际贸易的影响在一步步加深，但从我国总体状况来看，目前生产者服务业对国际贸易的影响尚不大。这与生产者服务业自身的特点有很强的关系。目前，我国相关的人力资本储备还很不足。因此，生产者服务业与国际贸易相比，其更具有时间的滞后性和延期性的表现。

（四）Granger 因果检验

Granger 因果检验是检验经济变量间因果关系常用的一种计量经济学方法。Granger（1969）从预测的角度定义因果性为：如果 X 有助于解释 Y，则 X 是 Y 的 Granger 因。将 X 的信息从信息集中去除不会改变对 Y 的最优预测，则 X 不是 Y 的 granger 因。相反，X 会改变对 Y 的预测，则 X 是 Y 的 Granger 因，即将过去的 X 包含在信息集中可提高对 Y 的预测。此检验过程为 Granger 因果检验（见表 6－7）。

表 6－7 DLNT、DLNM 间的 Granger 因果检验

原假设	F 统计量	概率
DLNT 不是 DLNM 的 Granger 因	4.89054	0.01749
DLNM 不是 DLNT 的 Granger 因	1.03138	0.37312

从表 6－7 中我们可以看出，目前我国的国际贸易是生产者服务业的 Granger 因，但生产者服务业尚未表现为国际贸易的 Granger 因。也就是说，我国国际贸易的相对较快增长成为促进生产者服务业进步的原因之一，即国际间贸易的往来有利于促进国与国之间的交流，尤其是我国与具有先进生产者服务业的发达国家间的贸易往来有利于我国利用技术溢出效益来提升生产者服务业的增长。目前，我国国内现有的生产者服务业尚处于起步发展阶段，技术含量低、尤其从业人员的素质不高、相应的专业领域人力资本缺乏、公用设施落后以及市场机制在相关方面体制欠缺都成为制约我国生产者服务业更快发展的因素。与之相比，我国国际贸易，尤其是出口贸易的快速发展主要是以劳动密集型的加工产品为主要组成部分。近年来，加工贸易一直占我国出口贸易总额的一半以上，2005 年我国加工贸易额为 4164.8 亿美元，占出口总额的 54.7％。因此，尽快提升我国生产者服务

业对于改变出口贸易附加值低、技术含量低、缺乏品牌等现状也将产生积极的促进作用。

第三节 本章小结

本章首先运用模型推导,从理论上论证了生产者服务业作为专业化服务具有规模效益、增加生产者服务业种类、技术溢出等优势而有力地促进了国与国之间的贸易往来。其次本章立足于我国生产者服务业与国际贸易发展现状,运用1978~2007年30年来的数据进行脉冲响应图及方差分解以及Granger因果检验方法分析,从而发掘出我国当前生产者服务业与国际贸易间的相互影响及作用,得出结论和相应政策建议如下:

通过Johansen协整检验可以看出,我国生产者服务业与国际贸易间存在均衡关系,说明两者间的共存效应。但通过长期、正规化协整关系的分析,发现我国生产者服务业每有1%的增长会导致国际贸易1.54%的下降。说明因提升我国生产者服务业的进步需要在长期内减少目前低附加值、劳动密集型、缺乏技术含量、品牌优势的国际贸易。这也是我国国际贸易产品技术不高与高智商生产者服务业相背离的表现之一。也就是由目前我国国际贸易产品处于国际分工价值体系中低端地位的状况所决定的。

同时,从脉冲响应图和方差分解表中我们可以看出,我国生产者服务业的发展已经逐步受到国际贸易的影响。国际贸易在有短期增长的情况下在一段时期内开始下降,后转为稳态,这是由我国生产者服务业起点低、要提升其发展水平需要在一段时期内减少劳动密集型的国际贸易,从而实现以人力资本渗透的生产者服务业提升的现状表现。同时,来自生产者服务业的信息对我国国际贸易的发展始终表现出正向的促进作用。说明我国生产者服务业对国际贸易产生的有效脉动。

从Granger因果检验中我们继续见证了与脉冲响应图和方差分解表中类似的状况,即当前我国生产者服务业尚未表现出对国际贸易的Granger因。但我国国际贸易的发展在促进经济整体进步的同时也成为提升我国生产者服务业发展的Granger因。这是由我国目前生产者服务业尚处于起步阶段的现状决定的,但利用国际贸易的互通有无,我们生产者服务业仍能从中获益。

针对我国生产者服务业与国际贸易的相关性,以下将就此提出部分相关的政策建议:

面对世界发达国家日益增长的生产者服务业对国家经济的促进作用，我国在现有工业基础之上应该加大发展服务业的步伐。其中应该首当其冲、大力提升以人力资本为主要特征的生产者服务业。这一策略在短期内可能会不利于我国低附加值、劳动密集型国际贸易的发展，但有利于我国未来经济持久、健康地发展，有利于提升我国贸易产品在国际分工中的低端地位，真正发挥生产者服务业为保障我国由工业经济向服务经济顺利、成功转型的重要作用。

尤其注重我国国际贸易中低端产品的有力提升，必要时采取鼓励高新技术产品贸易的相关措施，如提高进出口补贴，减税或优惠政策等促使、加快我国贸易产品提升、产业成功转型的实现。

同时，急需大量引进、培养人力资本已用于生产者服务业的发展。建立一整套有效机制，纳贤济才，尤其是对于专业人才采用相关的优惠政策为其发展提供平台，使其在实现自我人生价值的同时为我国生产者服务业的发展发挥积极的支柱作用。

总之，生产者服务业以其自身的专业化优势，已经在发达国家经济发展中成为一种重要的促进因素。这一从制造业中分离出来的服务业正适合于我国当前有一定工业基础的前提下发展服务业的战略策略，这一产业的成功发展必将对我国产业成功转型，提升国际贸易产品附加值，提高我国国际贸易在国际分工体系中的地位有重要的战略性作用。

针对生产者服务业的行业特征，结合目前我国经济发展的状况，尤其是在国际贸易方面所存在的问题，更好地运用和挖掘我国生产者服务业的潜力，对更好地实现我国出口产品结构转变，规避贸易壁垒，促进产品升级换代，改善贸易环境，达到价值增值目的有很强的导向性作用。当前我国正处在调整产业结构，发展自主知识产权产业的关键时期，更好、更快地发展生产者服务业，提升金融、咨询、商业服务、专利知识产权、增强自主研发能力，增加工业增加值，对实现我国对外贸易产品结构的调整，甚至对整个国民经济的提升和产业结构的调整都具有很强的现实指导意义。

第七章 我国服务业、服务贸易、生产者服务贸易间层进关系现状研究[①]

我国在"十一五规划纲要"中将加快发展服务业放在十分重要的位置上。在服务业的重要性日益显现的今天,服务贸易的发展在我国国际贸易中扮演的角色越发凸显。生产者服务业因高附加值、高知识含量的特征成为发展服务贸易的关键环节。现实中,我国的服务业、服务贸易、生产者服务贸易间存在的逐层递进、层层深入的关联性。生产者服务贸易是我国服务贸易中具有决定性作用的重要部分,服务贸易的发展反映了我国服务业的整体状况,而服务业的发展进程又直接影响着我国当前的产业结构转型和向服务经济迈进的步伐。因此,生产者服务贸易的发展不仅对服务贸易、服务业,对我国整个经济的发展都起到至关重要的作用。

第一节 相关概念阐述

第三产业是除第一、第二产业以外的其他各业,即服务业。这一概念是英国经济学家、新西兰奥塔哥大学教授费希尔于1935年在《安全与进步的冲突》一书中首先提出来的,即除农业、工业、建筑业以外的其他各业。根据我国第三产业统计报告的划分方法,服务业包括流通和服务两大部门,具体分为流通部门、为生产和生活服务的部门;为提高科学文化水平和居民素质服务的部门以及国家机关、政党机关、社会团体、警察、军队等。

与服务业相比,服务贸易是近20年来世界经济中一个新兴的重要领域,正在受到越来越多国家的关注和重视。西方学者对服务贸易概念的探讨是从"服务"开始的。1977年,希尔(T. P. Hill)提出了为理论界所公认的服务概念。他指出:"服务是指人或隶属于一定经济单位的物在事先合意的前提下

[①] 本章的部分内容发表在《改革》2009年第12期。

由于其他经济单位的活动所发生的变化……服务的生产和消费同时进行,即消费者单位的变化和生产者单位的变化同时发生,这种变化是同一的。服务一旦生产出来必须由消费者获得而不能储存,这与其物理特性无关,而只是逻辑上的不可能……"20世纪80年代中期,巴格瓦蒂(J. N. Bhawgatti, 1984)及桑普森(G. Snalposn)和斯内普(R. Snape, 1985)相继扩展了霍尔的"服务"概念。首次提出"服务贸易"的概念是在1972年9月经济合作与发展组织(OECD)的《高级专家对贸易和有关问题报告》中。之后学者们从多个角度对服务贸易做出了自己的阐释,如格鲁伯(H. G. Grubel, 1987)直接把服务贸易定义成人或物的国际流动。在中国学者中探讨服务贸易是从20世纪90年代开始的。由于服务自身的复杂性以及服务业包含内容的广泛性,长久以来学术界和各国政府对服务贸易的定义和范围的界定各持己见,认识统一的过程相当艰难。近10年来,在发达国家的带动下、各类经济贸易组织的推动下以及发展中国家的响应参与下,各界对"服务贸易"定义与内涵的认识逐渐趋于一致。从定义上看,"服务贸易"有广义和狭义之分,狭义的服务贸易是无形的,是指发生在国家之间的符合于严格服务定义的直接服务输出与输入活动。而广义的服务贸易既包括有形的劳动力的输入输出,也包括无形的提供者与使用者在没有实体接触的情况下的交易活动,如卫星传送和传播,专利技术贸易等(杨玲,2008)。

美国经济学家格林福尔德于1966年在研究服务业分类时最早提出了生产性服务业(Producer Services)这一概念。它是指可用于商品和服务的进一步生产而非最终消费性服务。1975年,美国经济学家布朗宁和辛格曼在《服务社会的兴起:美国劳动力的部门转换的人口与社会特征》中,把服务业分为四类:生产者服务;消费者服务;流通服务;社会服务。生产性服务业也称生产者服务业,是指直接或间接为生产、经营活动等提供中间服务,而不是直接向个体消费者提供最终消费服务。通常,生产者服务业是将人力资本和知识资本作为投入的主体。1993年,美国经济学家格鲁伯和沃克在其著作《服务业的增长:原因及影响》中对服务业的分类又做了进一步的完善,将服务业分为三部分:为个人服务的消费者服务业、为企业服务的生产者服务业和为社会服务的政府(社会)服务业。

虽然对生产者服务业的划分标准尚不统一,但研究者们普遍认为:交通运输、金融服务、技术研究与专利、通信以及商业服务等构成了生产者服务业的主体。世界各国之间生产者服务业的交换活动也就构成了生产者服务贸易。生产者服务贸易随着生产者服务业的发展逐步兴起的对外贸易形式，实现了不同国家间生产者服务业的互通有无、优势互补。通过进口国际上更先进的生产者服务业，出口本国具有比较优势的生产者服务业，从而实现本国生产者服务业更快发展的目标。生产者服务作为服务业和加工业的黏合剂，以服务业为中心将产业价值链的各个环节串联起来，成为发达国家后期工业化的重要特征。因此，生产者服务贸易也就成为服务贸易的重要内容与发展趋势。目前，我国生产者服务贸易发展迅速，结构在不断优化，但总体而言仍以传统服务贸易为主，现代服务贸易份额偏低；贸易差额也呈扩大态势。为此，需要加快发展服务业、服务贸易，通过改善贸易结构，提高生产者服务贸易的竞争力。当前，在我国生产者服务业越发显示出重要性的同时，生产者服务贸易成为服务贸易中不可忽视的部分。

第二节 我国三大产业的比重与就业人员构成

我国传统的贸易方式是以货物贸易为主。近年来货物贸易顺差连年攀升，2000年时我国货物贸易顺差额为240.48亿美元，2007年时这一数值达到2624.36亿美元，是2000年的10.91倍。而同期我国服务贸易的发展状况却不尽如人意。2000年我国服务贸易逆差额为55.99亿美元，到2007年时达到79.05亿美元。也就是说，伴随我国货物贸易的迅猛增长，服务贸易不升反降，2000年与2007年相比，降幅就达到41.18%。这一发展趋势一方面是我国当前产业结构中服务业发展滞后的一个表现，另一方面说明我国与世界发达国家的实际状况不相吻合。

当前，西方发达国家的现代服务业增长速度都远远超出传统服务业的平均水平。美国作为当前世界服务业最发达的国家之一，对其相应的数据统计和分析具有典型的代表性。1970~1986年，美国服务业的产值与就业分别增长了91.0%和85.3%，高于国民经济整体增长速度，这一现象成为发达国家服务贸易发展过程中的普遍现象。发达的服务业已成为美国等国家经济进步的动力源泉。2000年美国货物贸易的逆差额为4773.82亿美元，2007年时这一数额达到8543.50亿美元，逆差涨幅为79%。与我国实际状况完全相反，2000年时美国服务贸易顺差额为722.26亿美元，2007年时达到1068.54亿美元，涨幅为48%。也就是说，我国当前的服务业尚处于国民经济发展的次要地位，从服务贸易有减无增的态势可以看出我国服务业的发展并未表现出如同美国国内以服务业为主导产业的行业特征（见表7-1）。

表7-1 2000年、2007年中国、美国货物贸易、服务贸易进、出口额比照

单位：百万美元

国别 年份	中国						美国					
	货物贸易			服务贸易			货物贸易			服务贸易		
	出口	进口	顺差	出口	进口	顺差	出口	进口	顺差	出口	进口	顺差
2000	249203	225094	24109	30431	36031	-5599	781918	1259300	-477382	295965	223739	72226
2007	1218000	955800	262200	122206	130111	-7905	1162980	2017330	-854350	479150	372296	106854

数据来源：UNCDA handbook of statistics 2008.

本书的数据取自联合国贸发会议网站（UNCDA），同时参照美国经济分析局（BEA）和中国统计局（NBSC）公布的数据进行相关的统计与研究分析。

当今发达国家都已进入服务经济的后工业时代，一国服务业的发展水平越来越成为衡量其生产社会化程度和市场经济发展水平的重要标志。同时，第三产业的发展也成为促进市场经济发育、优化社会资源配置以及提高国民经济整体效益的重要途径。深刻认识发展第三产业的重要性对于我国当前所面临的经济转型和未来经济的持续、有效增长具有非常重要的意义。

表7-2中的数据显示我国1978~2007年30年中三大产业在国内生产总值中比重的变化。

表7-2 1978~2007年我国三大产业在国内生产总值构成中所占比重

年份	第一产业	第二产业	第三产业	年份	第一产业	第二产业	第三产业
1978	28.19	47.88	23.94	1986	27.15	43.72	38.61
1979	31.27	47.10	21.63	1987	26.81	43.55	38.03
1980	30.17	48.22	21.60	1988	25.70	43.79	38.41
1981	31.88	46.11	41.88	1989	25.11	42.83	38.16
1982	33.39	44.77	40.62	1990	27.12	41.34	36.74
1983	33.18	44.38	39.85	1991	24.53	41.79	37.13
1984	32.13	43.09	38.69	1992	21.79	43.44	38.20
1985	28.44	42.89	38.25	1993	19.71	46.57	33.57

续表

年份	第一产业	第二产业	第三产业	年份	第一产业	第二产业	第三产业
1994	19.76	46.57	40.42	2001	14.39	45.05	40.46
1995	19.86	47.18	32.86	2002	13.74	44.79	41.47
1996	19.69	47.54	32.77	2003	12.80	45.97	41.23
1997	18.29	47.44	34.17	2004	13.39	46.23	40.38
1998	17.56	46.21	36.23	2005	12.20	47.70	40.10
1999	16.47	45.76	37.67	2006	11.30	48.70	40.00
2000	15.06	45.92	39.02	2007	11.30	48.60	40.10

数据来源：《中国统计年鉴》(2008)，中国统计出版社 2008 年版，第 58 页。

我们将表 7-2 的三大产业在国内生产总值中所占比重用图 7-1 做进一步分析：

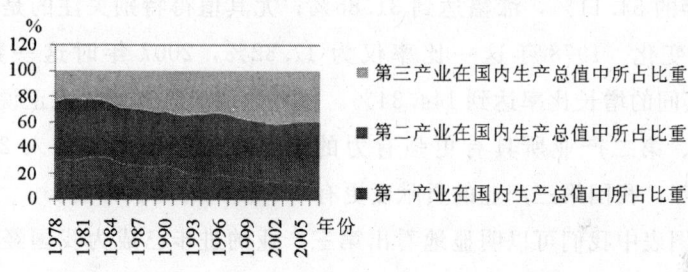

图 7-1　1978～2007 年我国三大产业在国内生产总值中所占比重

从表 7-2 的数据和图 7-1 的趋势图变化中我们可以明显看出，我国自 1978～2007 年三大产业所占比重的变化趋势。第一产业随着我国国内生产总值的增加，其比重呈不断下降的趋势，由 1978 年的 28.19% 下降为 2007 年的 11.30%；第二产业在我国国内生产总值中的比重总体保持持久、稳定的变化趋势，1978 年时第二产业的比重为 47.88%，截止到 2007 年时其比重为 48.60%，增幅达到 1.51%。与之有较大区别的是我国第三产业在 30 年中发生的巨大变化，其在国内生产总值中的比重由 1978 年的 23.94% 猛增至 2007 年的 40.10%，增长比例达到 67.54%，为我国三大产业中增长幅度最大、具有增长活力的后起产业，这也说明第三产业在我国国内生产总值中正扮演着日趋重要的角色。

与之相应，为进一步明确我国三大产业对国内生产总值的贡献比例，在此我们从图 7-2 中再做进一步分析。

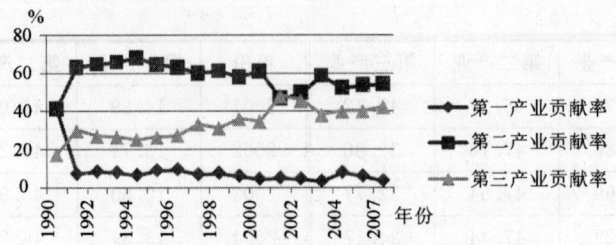

图 7-2　1990~2007年我国三大产业的贡献率

从图 7-2 我国三大产业的贡献率来看，第一产业的贡献率由原有的 41.74%下降至 2007 年的 3.57%，说明第一产业即农业对我国经济的增长已经不具有强有力的促进作用；第二产业的贡献率保持稳中有升的变化，由 1978 年的 41.04%上升到 2007 年的 54.11%，涨幅达到 31.85%；尤其值得特别关注的是我国第三产业的贡献率变化。1978 年这一比率仅为 17.32%，2007 年时这一数值变化至42.32%，其间的增长比率达到 144.34%。这一数值的巨大变化也正说明我国第三产业较第一、第二产业所具有更强有力的贡献率增长，尤其进入 21 世纪后的2000~2001 年，我国第三产业的贡献度更有一个较大的增长幅度。

从以上图表中我们可以明显地看出第三产业的进步已成为我国经济增长的强劲动力。同时，从对我国三大产业从业人数的变化趋势上，我们也同样看出我国第三产业自 1978 年以来的 30 年中，有越来越多的成员加入到这一行业中来。

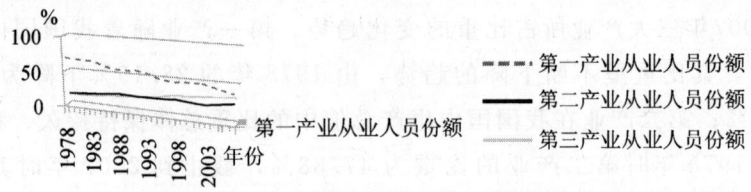

图 7-3　1978~2007年我国三大产业从业人员份额

从图 7-3 中可以看出，第一产业自 1978 年之后就开始呈下降趋势，1978 年我国第一产业从业人员尚有 70.5%的份额，截至 2007 年这一比例为40.8%，仅有原从业人员 57.87%的劳动力继续从事农业生产；第二产业的人员也有相对较大的变化，由原有 17.3%的变化增长至 2007 年的 26.8%，我国第二产业的从业人员有 54.91%的增长。尤其有突飞猛进变化的是我国第三产业的从业人员由1978年仅为9.1%增长至2007年的32.4%，其间有256.04%的增长。这一变化是我国第一、第二产业所没有显现的。一方面说明我国服务业1978~2007年30年的巨大增长，另一方面也说明我国服务业具有较强吸纳劳动力就业的特性。

表7—3 1978~2007年我国三大产业就业人员构成比例

年份	第一产业	第二产业	第三产业	年份	第一产业	第二产业	第三产业
1978	70.5	17.3	12.2	1993	56.4	22.4	21.2
1979	69.8	17.6	12.6	1994	54.3	22.7	23.0
1980	68.7	18.2	13.1	1995	52.2	23.0	24.8
1981	68.1	18.3	13.6	1996	50.5	23.5	26.0
1982	68.1	18.4	13.5	1997	49.9	23.7	26.4
1983	67.1	18.7	14.2	1998	49.8	23.5	26.7
1984	64.0	19.9	16.1	1999	50.1	23.0	26.9
1985	62.4	20.8	16.8	2000	50.0	22.5	27.5
1986	60.9	21.9	17.2	2001	50.0	22.3	27.7
1987	60.0	22.2	17.8	2002	50.0	21.4	28.6
1988	59.3	22.4	18.3	2003	49.1	21.6	29.3
1989	60.1	21.6	18.3	2004	46.9	22.5	30.6
1990	60.1	21.4	18.5	2005	44.8	23.8	31.4
1991	59.7	21.4	18.9	2006	42.6	25.2	32.2
1992	58.5	21.7	19.8	2007	40.8	26.8	32.4

数据来源：《中国统计年鉴》(2008)。

从以上我国三大产业的数据、图表对比中，我们可以清晰地看出我国服务业不断增强的贡献率及在国内生产总值中占有越来越大的比例，以及服务业就业人员的迅猛增长都使我们更深刻地认识到我国"十一五规划纲要"提出把加快发展服务业放在十分重要的位置，并第一次明确提出"拓展产业性服务业"的必要性和紧迫性。

第三节 服务贸易现状分析

自改革开放以来,我国的服务贸易取得了长足发展。1984年我国服务贸易出口额为27.8亿美元,在世界排名第25位。2006年我国服务贸易出口额达到919亿美元,在世界排名升至第8位,服务贸易进口额达到1008亿美元,在世界排名升至第7位,成为世界服务贸易进出口前十强之一。与同期的国际货物贸易相比,虽然服务贸易所占比重较小,但其增长潜力较大。由于服务概念和种类的界定比较困难,服务贸易与货物贸易相比,受到的贸易壁垒和限制更强、更隐蔽。以美国为首的发达国家凭借高水平的教育、先进的科学技术和信息服务等产业的快速发展,在世界范围内大力推行服务贸易自由化。同时发展中国家一方面考虑到未来服务贸易的战略地位而加强了对它的重视;另一方面也正在积极地利用后发优势,借鉴发达国家的先进经验努力发掘潜力,迎头赶上。目前服务贸易在世界范围内呈现的特点包括:服务贸易的发展迅速,表现出强劲的增长势头。1980~2007年,全球服务贸易规模已经从8328.03亿美元扩大到66210亿美元,其间增长了6.95倍;服务贸易结构向高级化方向发展。2004年,通信服务、建筑服务、保险服务、金融服务、计算机服务和信息服务,以及特许权使用和许可、专业服务等现代服务的贸易已经占到整个服务贸易的一半(薄熙来,2005)。

发达国家是服务贸易的主体,服务贸易占有绝对性优势。欧美等发达国家的服务进出口额已经占全球服务进出口总额的75%以上。其中,美、英、德三国就占到全球服务贸易总额的30%,美国在其中占最大比重。2006年,全球十大服务贸易出口国(地区)依次是:美国、英国、法国、德国、意大利、日本、西班牙、荷兰、比利时—卢森堡和中国香港;十大服务贸易进口国(地区)依次是:美国、德国、日本、英国、意大利、法国、荷兰、比利时—卢森堡、中国、加拿大。从各个方面的数据来看,服务贸易在世界贸易中的地位及其未来发展的趋势为:当前世界贸易的主体仍然是货物贸易,货物贸易在当今世界贸易中占据着大部分的比重。尽管这一比重有下降的趋势,但在未来相当长的一段时间内,货物贸易的主体地位不会迅速改变;经济发展与合作组织(OECD,2000)的研究认为,当前服务贸易在世界贸易中的份额仍低于2成,这主要是由于服务贸易市场广泛存在贸易壁垒造成的,因为服务贸易的自由化程度远不如货物贸易来得高。就服务贸易而言，发展中国家一直处于逆差，在20世纪80年代和90年代时相对有一些改善，而发达国家作为一个整体在过去20年里一直是顺差（杨凤鸣，2005）。

一、我国服务贸易额的变化

表 7—4 1982～2007 年我国服务贸易进出口额变化

单位：百万美元

年份	出口额	进口额	贸易顺差	年份	出口额	进口额	贸易顺差
1982	2512	2024	488	1995	19130.3	25222.8	−6092.5
1983	2479	1994	485	1996	20601	22585	−1984
1984	2811	2857	−46	1997	24569	27967	−3398
1985	3055	2524	531	1998	23895	26672	−2777
1986	3827	2276	1551	1999	26248	31589	−5341
1987	4437	2485	1952	2000	30430.5	36030.6	−5600.1
1988	4858	3603	1255	2001	33334	39267	−5933
1989	4603	3910	693	2002	39744.5	46528	−6783.5
1990	5855	4352	1503	2003	46733.6	55306.3	−8572.7
1991	6979	4121	2858	2004	62434	72132.7	−9698.6
1992	9249	9434	−185	2005	74404.1	83795.5	−9391.4
1993	11193	12036	−843	2006	91999.2	100833	−8833.8
1994	16620	16299	321	2007	122206	130111	−7905

数据来源：UNCTAD handbook of statistics 2008。

从表 7—4 中可以看出，我国服务贸易进出口额呈逐年增长的趋势，1982～2007 年服务贸易出口额平均涨幅达到 17.19%，进口额的平均涨幅为 20.50%。但与此同时，我国服务贸易顺差额呈逐年下降的趋势。2007 年的逆差额为 1982 年的 17.20 倍。说明我国在大力发展服务贸易的同时，进口量的增长大于出口量。如图 7—4 所示。

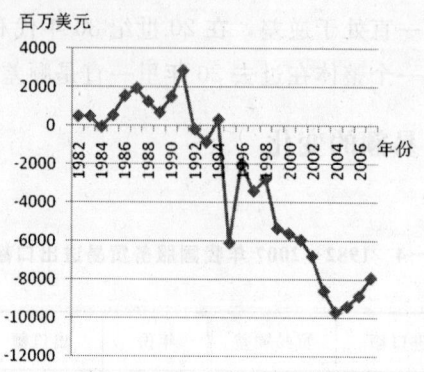

图 7-4 1982~2007 年我国服务贸易顺差额

从图 7-3、图 7-4 中我们可以更进一步看出,我国服务贸易整体增长较快,但与此同时,贸易逆差仍呈逐步增大的趋势。究竟我国服务贸易中现存问题何在,我们仍须从服务贸易的产品结构着手做进一步研究。

二、我国服务贸易结构分析

因我国建筑、金融、计算机与信息服务、版权与专利服务、个人文化和创新服务行业 1982~1996 年的数据缺失,这里我们选取 1997~2006 年的数据做统计分析。

(一)我国服务贸易出口数据分析

表 7-5 1997~2006 年我国服务贸易中出口行业数据统计

单位:百万美元

年份	运输业	旅游业	通信业	建筑业	保险业	金融业	计算机与信息服务业	版权与专利服务业	其他商业服务业	个性化、文化性和创新型服务业	政府服务业
1997	2955	12074	272	590	174	27	84	55	8263	10	65
1998	2300	12602	819	594	384	27	134	63	6941	15	16
1999	2420	14098	590	985	204	111	265	75	7410	7	83
2000	3671	16231	1345	602	108	78	356	80	7663	11	285
2001	4635	17792	271	830	227	99	461	110	8448	28	433
2002	5720	20385	550.11	1246.45	209	51	639	133	10419	30	363
2003	7906	17406	638	1290	313	152	1102	107	17427	33	—

续表

年份	运输业	旅游业	通信业	建筑业	保险业	金融业	计算机与信息服务业	版权与专利服务业	其他商业服务业	个性化、文化性和创新型服务业	政府服务业
2004	12068	25739	440	1467	381	94	1637	236	19552	41	—
2005	15427	29296	485	2593	549	145	1840	157	23283	134	
2006	21015	339	738	2753	548	145	2958	205	28973	137	

数据来源：UNCTAD handbook of statistics 2008。

为便于比较我国服务贸易中各行业出口数据，可作相应的线图以进一步明示，如图7—5所示。

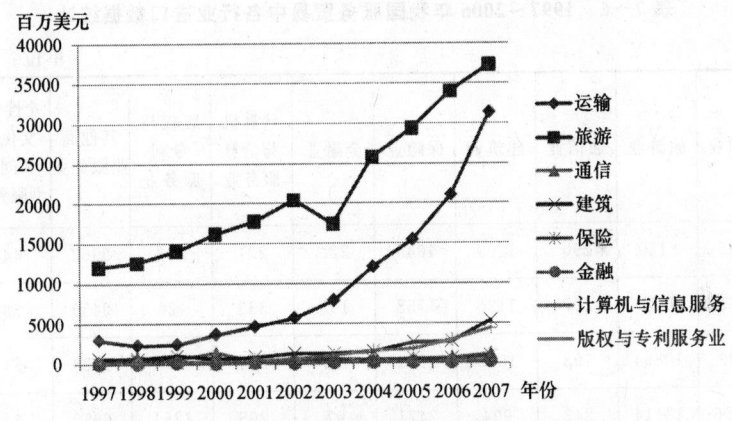

图7—5　1997～2007年我国服务贸易各行业出口趋势

从图7—5中我们可以明显看出，我国服务贸易各行业出口数据1997～2007年每年都有不同程度的增长，但涨幅最明显的两条变化趋势线是旅游业和运输业这两大行业。另外，与其他行业相比，建筑业较金融业、保险业、版权与专利服务业等知识密集型的产业相比，也有稍大一些幅度的增长。与之相反，金融业成为我国服务贸易中出口份额最小的行业。同时，通信业、保险业、计算机与信息服务业、版权与专利服务业的出口量增长也是微乎其微。同时，个性化、文化性和创新性服务业及政府服务业的出口服务额也呈非常小的波动性增长。

也就是说，从图7—5的分析来看，我国服务贸易产品的出口结构中仍以劳动密集型、技术含量低、自然资源型行业为增长点。旅游业和运输业成为我国服务贸易出口行业中的佼佼者。但以上三个行业均表现为低附加值服务贸易产业，在国际分工链条中属于低端产业。而与之相反，我国技术含量高、知识密集型服务贸易的出口额与劳动密集型服务贸易相比，其反差较大，表现出起步晚、起点低、增长慢、数额小等特点，说明我国服务贸易中高端产业出口额的小幅度变化。若结合表7-5和图7-5我国服务贸易整体状况的迅猛增长，我们会发现我国服务贸易整体数额增长的关键是靠劳动密集型服务业来拉动的，而知识密集型服务业的出口额不尽如人意。

（二）我国服务贸易进口数据分析

为与我国服务贸易出口产业结构相对照，在此我们再对我国服务贸易进口产业的状况进行分析（见表7-6）。

表7-6 1997~2006年我国服务贸易中各行业进口数据统计

单位：百万美元

年份	运输业	旅游业	通信业	建筑业	保险业	金融业	计算机与信息服务业	版权与专利服务业	其他商业服务业	个性化、文化性和创新型服务业	政府服务业
1997	9945	8130	290	1209	1045	325	231	543	5962	44	243
1998	6763	9205	207	1120	1758	163	333	420	6459	39	205
1999	7899	10864	193	1540	1921	167	224	792	7333	34	622
2000	10396	13114	242	994	2471	97	265	1281	6959	37	173
2001	11325	13909	326	847	2711	77	345	1938	7504	50	235
2002	13612	15398	470	964	3246	90	1133	3114	7957	96	448
2003	18233	15187	427	1183	4564	233	1036	3548	10371	70	454
2004	24544	19149	472	1339	6124	138	1253	4497	13911	176	530
2005	28448	21759	603	1619	7200	159	1623	5321	16287	154	623
2006	34369	24322	764	2050	8831	891	1739	6634	20605	121	506

数据来源：UNCTAD handbook of statistics 2008。

与以上我国服务贸易各行业出口数据的分析方法类同，我们也对相应的进口数据做图示分析，如图7-6所示。

第七章 我国服务业、服务贸易、生产者服务贸易间层进关系现状研究

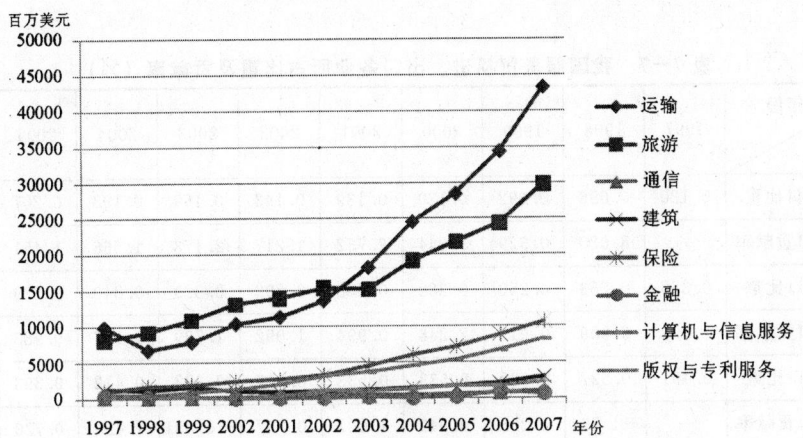

图7—6　1997~2007年我国服务贸易各行业进口趋势

从图7—6中我们可以看出，我国运输业和旅游业进口额与我国服务贸易中其他行业的进口额相比，1997~2007年10年间的增长趋势非常显著，其基数大、市场需求旺盛，是我国服务贸易中相对发展较早，具有带动性的产业。同时，与我国出口服务贸易不同的是，我国保险业的进口服务贸易量也相对较大，这与我国人口基数大、市场发展潜力大有关，而保险服务业的引进促进了我国这一产业的大力发展。同时，与我国服务贸易出口状况不同的是，我国在知识密集型产业，如版权与专利服务业的进口额上也有明显的变化，平均涨幅达到35.92%，与我国同期这一产业的进口额平均涨幅24.24%相比，出口量是进口量的1.48倍。因此，从整体上来看，我国服务贸易中进口行业的发展中除劳动密集型的旅游业和运输业以外，在知识密集型和高智能型的服务贸易保险业、版权与专利服务业的进口量上也有较大的增长。

从以上我国服务贸易进出口图表的对比中可以看出，我国服务贸易进口与出口的情形相比，服务贸易所占比重较大的行业仍为运输业、旅游业，而技术含量高、知识密集型的产业如金融、保险、版权与专利服务、通信业的出口量很低，表现出竞争劣势；与之相对，中国从发达国家进口的保险、版权与专利服务业等服务贸易呈明显增长，而发达国家知识密集型服务贸易的竞争优势，因此与出口量相比，它们的保险业、版权与专利服务业的进口量有较明显的增长。

（三）我国服务贸易出口、进口数据分析

我国服务贸易的发展起步晚、起点低，为进一步分析我国服务贸易出口、进口的具体特点，以下我们将做进一步的比较（见表7—7）。

表 7-7 我国服务贸易进、出口各业所占比重及贡献率（%）

行业	年份	1997	1998	1999	2000	2001	2002	2003	2004	2005	2006
运输业	出口比重	0.120	0.096	0.092	0.120	0.139	0.143	0.169	0.193	0.207	0.228
	出口贡献率	—	8.080	0.529	3.244	2.752	1.217	2.173	1.566	1.451	1.531
	进口比重	0.355	0.253	0.250	0.288	0.288	0.292	0.329	0.340	0.339	0.340
	进口贡献率	—	6.909	0.911	2.248	0.994	1.092	1.799	1.137	0.983	1.023
旅游业	出口比重	0.491	0.527	0.537	0.533	0.533	0.512	0.372	0.412	0.393	0.369
	出口贡献率	—	-1.594	1.205	0.949	1.007	0.757	-0.831	1.425	0.720	0.671
	进口比重	0.290	0.345	0.343	0.363	0.354	0.330	0.274	0.265	0.259	0.241
	进口贡献率	—	-2.855	0.977	1.472	0.675	0.578	-0.072	0.857	0.842	0.579
通信业	出口比重	0.011	0.034	0.022	0.044	0.008	0.013	0.013	0.007	0.006	0.008
	出口贡献率	—	73.307	-2.839	8.035	-8.369	5.355	0.912	-0.922	0.530	2.201
	进口比重	0.010	0.007	0.006	0.006	0.008	0.010	0.007	0.006	0.007	0.007
	进口贡献率	—	6.180	-0.366	1.804	3.866	2.395	-0.484	0.344	1.718	1.309
建筑业	出口比重	0.024	0.024	0.037	0.019	0.024	0.031	0.027	0.023	0.034	0.029
	出口贡献率	—	-0.247	6.684	-2.438	3.961	2.609	0.197	0.410	4.000	0.260
	进口比重	0.043	0.041	0.048	0.027	0.021	0.020	0.021	0.018	0.019	0.020
	进口贡献率	—	1.589	2.034	-2.519	-1.650	0.746	1.206	0.432	1.296	1.307
保险业	出口比重	0.007	0.016	0.007	0.003	0.006	0.005	0.006	0.006	0.007	0.005
	出口贡献率	—	-43.994	-4.760	-2.959	11.588	-0.413	2.826	0.647	2.310	-0.009
	进口比重	0.037	0.065	0.005	0.002	0.001	0.001	0.004	0.001	0.001	0.008
	进口贡献率	—	-14.734	0.502	2.037	1.079	1.066	2.153	1.122	1.086	1.114
金融业	出口比重	0.001	0.001	0.004	0.002	0.002	0.001	0.003	0.001	0.001	0.001
	出口贡献率	—	0	31.593	-1.877	2.855	-2.520	11.253	-1.136	2.846	0.005
	进口比重	0.011	0.006	0.005	0.002	0.001	0.001	0.004	0.001	0.001	0.008
	进口贡献率	—	10.764	0.133	-2.962	-2.335	0.901	8.417	-1.334	0.957	22.574
计算机与信息服务业	出口比重	0.003	0.005	0.010	0.011	0.013	0.016	0.023	0.026	0.024	0.032
	出口贡献率	—	21.697	9.927	2.153	3.093	1.998	4.134	1.444	0.646	2.568
	进口比重	0.008	0.012	0.007	0.007	0.008	0.024	0.018	0.017	0.019	0.017
	进口贡献率	—	-9.535	-1.775	1.302	3.360	12.349	-0.454	0.688	1.825	0.352

续表

行业	年份	1997	1998	1999	2000	2001	2002	2003	2004	2005	2006
版权与专利服务业	出口比重	0.002	0.002	0.002	0.002	0.003	0.003	0.002	0.003	0.002	0.002
	出口贡献率	—	−5.302	1.934	0.447	3.867	1.078	−1.106	3.599	−1.742	1.265
	进口比重	0.019	0.015	0.025	0.035	0.049	0.066	0.064	0.062	0.063	0.065
	进口贡献率	—	4.891	4.804	4.390	5.710	3.281	0.738	0.878	1.134	1.213
个性化、文化性和创新性服务业	出口比重	0.000	0.000	0.000	0.000	0.000	0.000	0.000	0.000	0.001	0.001
	出口贡献率	—	−18.226	−5.416	3.855	15.489	0.310	0.722	0.672	11.817	0.112
	进口比重	0.001	0.001	0.001	0.001	0.001	0.002	0.001	0.001	0.001	0.001
	进口贡献率	—	2.454	−0.695	0.715	3.742	4.977	−1.461	5.023	−0.769	−1.037
政府服务业	出口比重	0.002	0.000	0.003	0.009	0.012	0.009	0.007	0.006	0.006	0.006
	出口贡献率	—	27.479	42.524	15.238	5.468	−0.837	−0.070	0.163	1.600	0.718
	进口比重	0.008	0.007	0.019	0.004	0.005	0.009	0.008	0.007	0.007	0.005
	进口贡献率	—	3.377	11.034	−5.136	4.010	4.910	0.067	0.556	1.069	−0.919

数据来源：UNCTAD handbook of statistics 2008，由笔者整理、计算得来。

从表7-7中我们可以看出，我国服务贸易出口发展中平均比重相对较大的是运输业，在服务贸易中所占比重达到15.10%，旅游业所占比重为46.83%。这两个产业为我国出口服务贸易中最重要的组成部分。分析这两个行业的特点，运输业为劳动密集型产业，为加速经济发展各环节的衔接发挥重要的作用；旅游业为自然资源型产业，利用我国自然景观的优势发展起来与之相关联的旅游业成为我国当前服务贸易中所占平均比重最大的部门，达到46.83%的比例。而分析其他服务贸易行业中建筑业所占的比重为2.78%，相对稍大。除此之外，其他服务贸易中的行业如通信业（1.69%）、计算机与信息业（1.67%）、保险业（0.72%）、政府服务业（0.64%）、版权与专利服务业（0.27%）、金融业（0.21%）、个性化、文化性和创新性服务业（0.15%）。我们再进一步对以上这些行业的特点进行分析：政府服务业属于专向性服务业为政府提供特定性服务，而我国在这个专属性服务业上的出口几乎尚未起步；同时，针对我国个性化、文化性和创新性的服务业更是表现出启蒙状态，说明我国人民生活、公共文化产业的发展几乎尚未开展。我国在经济尚未发达起来的状况下，为人们提供文化娱乐、个性化的消费者服务业也未能有效地发展起来。

在此，我们着重分析通信业、计算机与信息业、保险业、版权与专利服务业和金融业。这五个行业有别于劳动密集型的运输业和旅游业，以及消费者服务业的个性化、文化性和创新性服务业和政府专项服务业。这五个行业正是我国生产者服务业集体现高知识含量、高智商的产业。服务贸易的发展实际上也就是相应行业比较优势的表现。利用大卫·李嘉图的比较优势理论来分析，一国会出口有比较优势的产品，进口相对劣势的产品。当前，我国生产者服务贸易在服务贸易中仍处于明显的劣势地位。

从图7－7和图7－8的1997～2006年我国生产者服务贸易中各行业出口对服务贸易出口的贡献率以及进口的相应贡献率的比例图中，我们可以看出，生产者服务贸易的出口贡献率总体呈收敛型状态，也就是说其贡献因子总体呈不断下降趋势；而进口额的增长相对于出口贡献率的比值有大的变化，尤其是我国运输业、保险业和通信业都有较大的变化。我国生产者服务贸易总体表现出扩大性的贸易逆差，说明我国高智商、高水平的生产者服务贸易与国际发达、先进水平相比，存在着差距扩大的趋势。这是不利于我国未来服务贸易以及整个服务业向前发展的。也就是说，当前，我国生产者服务贸易的滞后发展已经成为影响我国服务业进步的"瓶颈"所在（杨玲，2008）。

为弥补我国服务贸易发展的劣势，尤其是高知识型生产者服务贸易相对于的出口状况而言，进口量相应加大，引入先进的服务业用于补充国内服务业的薄弱环节以促进生产者服务贸易的发展。

在我国服务贸易的进口中，金融业的贡献率表现出很强的增长，尤其是2004～2006年。同期我国保险业的贡献率也一路走高，这一状况与我国人口基数大，尤其是人险、寿险方面需求量大来拉动的；版权与专利服务业作为高端技术、专利引进的对应产业，在我国进口服务贸易中平均占有3.00%的贡献比率。这一比例与我国出口服务贸易中版权与专利服务贸易0.449%的比例有很大的差别。说明我国在自身缺乏专利的状况下，以引进版权与专利为相应的策略。与之不同的是金融贸易的发展。1997～2006年共10年间我国金融业的平均出口贡献率为

4.78%，说明我国金融业在服务贸易贡献率偏低的情况下，不同于保险业、版权与专利服务业利用了国际贸易进口国外先进的保险、版权与专利服务弥补其自身发展的不足，相反我国金融业的平均进口贡献率仅为 4.12%，这一比例甚至低于其出口贡献率。金融业作为一国经济正常运行的血脉，对一国的经济稳定和产业安全都有重要的作用。因此，金融业较低的进口贡献率与我国相对谨慎的金融开放政策存在相关性。

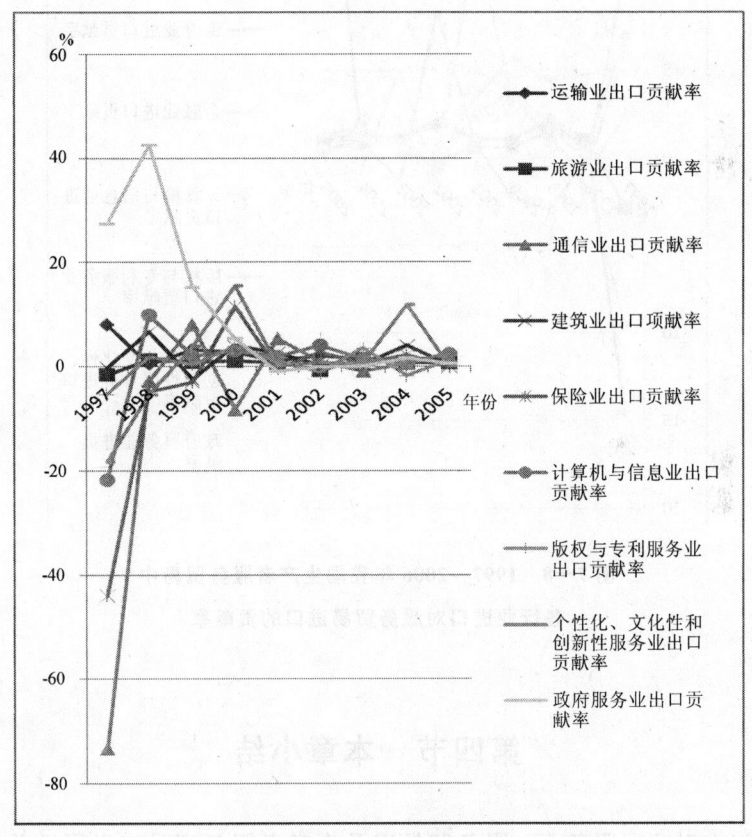

图 7-7 1997～2006 年我国生产者服务贸易中
各行业出口对服务贸易出口的贡献率

因此，整体而言，我国生产者服务贸易相对于劳动密集型和资源型服务贸易来说具有比较劣势。中国要实现贸易模式的转变，从现有的贸易大国向贸易强国迈进，就必须从发展生产者服务贸易入手。

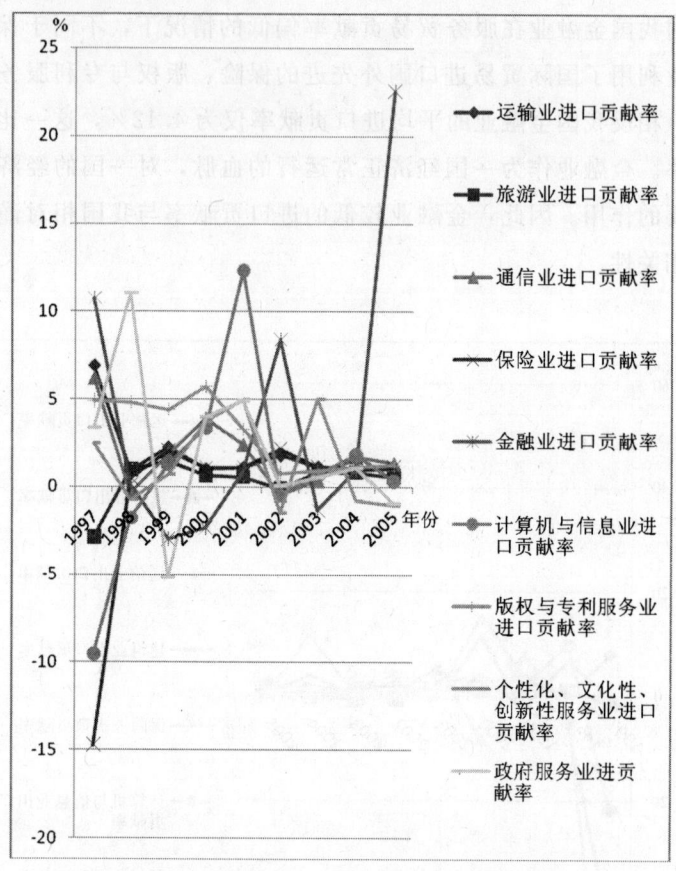

图7-8 1997～2006年我国生产者服务贸易中
各行业进口对服务贸易进口的贡献率

第四节 本章小结

综合以上对我国服务业、服务贸易以及生产者服务贸易三者层进关系的逐项分析总结如下：

（1）我国服务业无论在国民生产总值中所占的比重，还是对其的贡献率或从业人员数量都随着我国经济发展的步伐在不断地增大，说明我国目前正步入从工业化逐步向服务化转型的经济形态。

（2）我国服务贸易仍以劳动密集型和资源型产业的产品进出口为主。同时，为政府服务的专项性政府服务业与反映一国个性化、文化性的产业所占比例极低，说明我国在经济快速增长的同时，相应的文化、语言等代表软实力的服务业发展仍非常有限。

（3）与服务业增长的发展趋势相比，我国生产者服务贸易无论进口、出口都不具有竞争优势，是我国服务贸易中的劣势所在。甚至我国保险业、金融业对服务贸易的贡献率甚至为负值，说明其已成为我国服务贸易发展的"瓶颈"所在。

因此，针对以上的现状分析，我们可以看出：目前，我国服务贸易的发展是以低附加值、低知识含量的运输、旅游和建筑业为重要的贡献产业，而生产者服务贸易尚未发挥其有效的作用。但究其原因，实际上是我国生产者服务业自身发展滞后造成的。要改变这一状况，唯有从发展生产者服务业入手，从改善生产者服务贸易的现状着手，才会从根本上提升服务贸易，加速我国服务产业的发展进程。

第八章　美国金融危机对上海建设国际金融中心的启示

2008年美国金融危机向我们诠释了美国发达的生产者服务业中现存的问题之一,即生产者服务业与制造业的分离(本书第六章中已做实证研究)。因两者融合、互动性的下降使得美国以金融业为代表的虚拟经济和以制造业为代表的实体经济分离,结果造成美国自21世纪以来最严重的虚实经济体的逆向发展。截至2008年美国金融危机爆发之前,美国国内的金融业异常火爆,仅此单项就占到美国GDP的20.36%,而制造业所占比例从1951年的27.88%下降到2008年的11.48%,不及原有比例的一半,底特律工业城的废弃就是其鲜明写照。依照乔纳森·特南鲍姆(JonathanTenenbaum)倒"金字塔"理论和雷蒙德·W.戈德史密斯(1969)在《金融结构与金融发展》一书中提出实体经济在高度发达的基础上逐步派生出虚拟经济的观点,金融业是基于制造业高度发达的基础上发展起来的。发达的金融业若离开原有的制造业,就会因为自身内部固有的不稳定性而潜藏越来越大的危机。也就是说,美国已经发达起来的生产者服务业背离了初衷,没有很好地为制造业服务,生产者服务业提供的中间产品进入到制造业最终产成品生产环节中的部分在减少,而将其中的部分中间智力产品以成品形式为消费者提供最终服务。

2008年美国金融危机造成了美国国内自20世纪30年代以来最严重的经济衰退。美国GDP的年降幅达到20世纪50年代以来的最低值。美国国内的资本投资自2006年下半年起就开始下滑,国内需求下降至1974年以来的水平,零售业的销售下降了50%。与日本31%、韩国26%、俄罗斯16%、巴西15%、意大利14%、德国12%的降幅相比,美国的损失最为惨重。据美国劳工部统计数据显示,美国金融危机导致2009年美国国内高达10.2%的失业率。这场金融危机进一步影响到美国国内制造业等实体经济的大面积受损,如通用、福特的倒闭和亏损,美国经济陷入新一轮的衰退。

华尔街,一直以来代表着美国后工业经济时代的发展模式,即将真正创造价值增值的制造业大举向海外转移,而在国内重点发展能够在短期内创造巨额财富的现代服务业,其中尤以金融业为典型代表。但金融危机的到来导致了这座金融大厦的坍塌,使得美国经济经历了实体经济与虚拟经济同时遭受巨额损失的惨境。基于美国金融中心华尔街的经验教训,针对我国2009年提出将上海建成全球金融中心的目标,通过研究美国生产者服务业中的现存问题,对我国更好地预防国际金融中心建设过程中问题的发生起到重要的指导性作用。

上海是中国大陆经济最发达的城市,也是中国改革开放的门户和窗口之一。依托良好的经济、地理和人文优势,上海已经成为目前我国国内第三产业发展最快的都市之一。自2004年年始,上海第三产业的产值就占到地区生产总值的一半以上。2005年上海第三产业占比为50.5%,2006年时这一比例提高到50.6%,2007年时达到52.6%,仅次于北京,居全国第二。尤其是生产者服务业中的金融业具有更加明显的发展优势。2007年时上海金融业的产值达到1209.08亿元,成为上海第三产业中的重中之重。银监会主席刘明康就曾表示,以资本、货币、外汇、商品期货、金融期货、黄金、产权交易、再保险市场等为主要内容的现代金融市场体系已在上海基本形成,交易规模也在日益扩大。上海具有信贷质量最好的商业银行;银行机构的种类、数量也是全国最多的;上海金融业的国际化程度很高,目前已经吸引了全国外资银行中的六成。同时,上海拥有发展金融业所必需的至关重要的人力资本比较优势。据美国"投资管理与研究协会"(AIMR)公布的最新统计数据显示:截至2008年8月,具有"全球金融第一考"之称的注册金融分析师(CFA)在我国香港和内陆省份分别有3800多名和1245名持证人,其中上海就拥有615名,占大陆地区人数的一半。同时,针对260名上海金融机构骨干人员的调查结果显示,其中有19.1%的人已经拥有国际通行的专业资格证书。无论从发展金融业的硬件设施或软件人员来看,上海在全国范围内都处于领先地位。

1991年春,邓小平在上海考察期间就曾指出:"金融很重要,是现代经济的核心。金融搞好了,一盘棋活,全盘皆活。上海过去是金融中心,是货币自由兑换的地方,今后也要这样搞。中国在金融方面取得国际地位,首先要靠上海。"上海建立国际金融中心是具有优势的,如上海拥有与国际接轨的法制环境、开放完善的金融市场体系、健全的金融基础设施和对国际金融人才的吸引力等。

基于上海良好的金融环境,2009年我国国务院常务会议正式决定:到2020年,将上海基本建成与我国经济实力和人民币国际地位相适应的国际金融中心、具有全球航运资源配置能力的国际航运中心。上海面临着巨大的机遇与挑战。

第一节 历史上的上海金融业

实际上,历史上的上海就享有"远东金融中心"的美誉。旧上海自形成南北钱市,特别是汇丰银行将总部从我国香港迁至上海后,各类银行便开始纷纷建立。1927年中国银行总管理处迁沪,一年后交通银行总行在上海落户,之后中央银行总部在沪成立,并建立四行(中国、中央、交通、农业)、二局(中央信托局、邮政储金汇业局)、一库(中央合作金库)的垄断金融体系。银行、钱庄、保险公司一时开始会集上海外滩,四川路、江西路、天津路也形成了银行区。总体来看,上海金融机构的数量、业务量、资本、库存现金以及存放款额均居全国甚至远东之首,上海的汇率和金、银市价亦能左右远东,上海当之无愧地成为"远东金融中心"。

20世纪二三十年代,上海在吸引了大量国有银行的同时,也成为众多外资银行汇聚热土。其中不乏国际知名的英商麦加利银行、英商汇川银行、法兰西银行、德意志银行、美商花旗银行、荷兰银行等。截止到1936年时,上海共有外资银行27家。虽然,上海的证券交易不发达,但其发端的历史却很悠久。上海证券交易发轫于光绪十七年(1891年)外商在上海开设的"上海股份公所"。1920年7月1日,"上海证券物品交易所"开始营业。自开业到年底,仅半年时间,竟盈利50余万元。时隔不久,各行各业竞相设立本行业的交易场所,从金、棉、粮、皮毛行业到竹、木、纸等行业都有涉猎。1920年年底时,上海挂牌的交易所就多达112家。1933年5月,中国最早的交易所上海证券物品交易所的证券部与上海华商证券交易所合并为"上海证券交易所"。20世纪初,我国先后成立了信成银行、浙江兴业银行、交通银行、四明银行、浙江实业银行、中国银行、上海银行等新式金融机构。大量资金汇集上海,融通资金的活动就日益频繁。20世纪30年代初中期,是上海金融业获得发展的黄金时期。继1920年华商证券交易所成立后,1921年,黄金交易所也宣告成立。到1935年,上海金融业的资金集散作用达到了新的高度,全国27家重要银行的42亿元存款中,上海就占一半。其中在全国各地广设的分支银行,如中国、交通、浙江兴业、上海、金城、盐业、中国实业等显示出上海进一步开放的特性。从资本的角度来看,上海既可供应各地之需,又可收聚各地的游资,从而使得各地的利率和内汇行市也都以上海为参照标准。从黄金市场的成交额来看,上海超过日本、印度、法国,成为仅次于伦敦和纽约的金融中心。在外汇市场上,由于汇丰等外资银行的巨额成交量,使上海市场的交易额成倍上升,上海被喻为"东方纽约"。

第二节 新时代上海国际金融中心地位的确立

历史上的国际金融中心大多是依托国际贸易逐步发展起来的。从国际金融中心形成的条件来看,国际贸易的发展会带动银行支付、信用证以及贸易融资等业务的发展。当国际贸易余额增大时,金融部门的规模就会扩充。上海是个天然良港,它地处太平洋西岸,亚洲大陆东沿和长江三角洲前缘,东濒东海,南临杭州湾,西接江苏、浙江两省,北界长江入海口,长江与东海在此连接。依托得天独厚的地理优势,上海港的对外贸易量连年增长(见图8-1)。

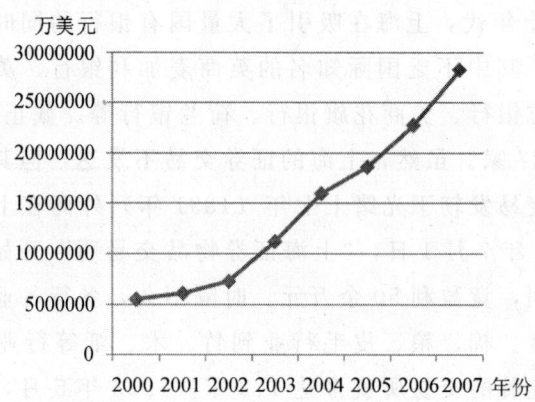

图8-1 2000～2007年上海进出口商品总值变化趋势

资料来源:《上海统计年鉴》(2007)。

新时代的上海,随着国际贸易的不断发展,金融业也有了突飞猛进的发展。伴随上海经济的进步,越来越多的金融机构入驻这里。美林、高盛、摩根斯坦利等国际投行和花旗、渣打等国际银行的到来大大提升了上海金融业的国际化程度。2007年12家外资法人银行总部落户上海,被视为上海建立国际金融中心最具突破性的成就。截至目前,上海另有47家外资银行分行、20家法人银行分行和保留分行、107家外资银行代表处,在沪的外资银行总资产已经超过其资产总额的一半。20世纪90年代,我国的资本市场、外汇市场、期货市场、黄金市场以及货币市场五大金融要素市场都纷纷在上海建立。2004年上海股票市场成交量达2.65万亿元，货币市场成交量有13.4万亿元，债券市场成交量达7.5万亿元，黄金市场的成交量是730.9亿元。外汇市场仅美元成交量在当年就达到了2044亿美元，期货市场单期铜的成交量就达到5.68万亿元。同时，我国金融衍生品交易所于2006年初于上海设立，成为我国金融衍生品市场全面发展的重要标志之一。

目前，上海已初步形成了较为完整的金融市场体系。截止到2007年年末，上海拥有分行或分公司层级以上的商业银行82家，证券公司约100家、保险公司76家和28家基金公司总部。信托公司、期货公司和一些中介机构也落户上海。上海已经成为金融机构的主要聚集地。

上海国际贸易的累积促发了国际金融的深入发展。2009年中央正式提出于2020年将上海建成国际金融中心。

第三节　上海生产者服务业的发展

上海日益进步的生产者服务业将为2020年建成全球金融中心的目标发挥重要的作用。据上海市经济和信息化委员会的统计显示，2008年1月至11月间，上海生产者服务业营业收入增长13%，利润增长15.2%。本书第七章中分析了我国2003年全国30个省市自治区（不包括西藏自治区）生产者服务业的现状，尤其是针对生产者服务业与制造业间融合、互动性分析后发现，上海作为我国国内生产者服务业最发达的地区之一，其自身存在以下五个方面的特征与问题：

（1）上海生产者服务业的中间投入率偏高，具有低附加值、高带动性的特征。其中，交通运输及仓储业、租赁和商务服务业以及科学研究事业对其他产业具有高带动性，但附加值较低。科学研究事业虽然所含技术含量相对较高，但目前上海相关研究工作的成果向现实的转化能力以及解决现实问题的能力并不强，也就是说尚未较好地实现产学研结合，其科技价值并未被完全挖掘出来。但基于科研工作创新型的成果，对其他产业的带动是很强的。另外，邮政业、信息传输和计算机与软件业、批发和零售业、金融保险业以及房地产业的附加值大，较好地实现了价值增值，提升了本行业的利润增加值，有利于发挥生产者服务业提升我国产业升级和转型的作用。这是上海生产者服务业发展的可喜之处。

（2）与上海中间投入率相对的另一个特征分析指数是中间需求率。上海生产者服务业表现为带有原材料产业的性质。除房地产业、租赁和商务服务业偏向于依靠最终需求外,交通运输业及仓储业、邮政业、信息传输和计算机服务及软件业、批发和零售业、金融保险业、科学研究事业都表现出较强的原料需求。生产者服务业作为连接制造与服务投入的中间桥梁,生产中间产品,倾向于原料需求是其与制造业联系的一个表现。制造业原本就是对采掘的自然物质和工农业生产的原材料进行加工和再加工,为国民经济其他部门提供生产资料,为全社会提供日用消费品的生产部门。也就是实现了从投入—变换—产出的过程转换,将原料经过变换最终实现价值增值,以某种形式提供给社会。上海生产者服务业表现出来的原料需求,正符合生产者服务业从制造业中分离出来,经过更多高智力因素的投入从而以具有更高附加值的中间产品形式对生产过程服务。但房地产业、租赁和商务服务业更倾向于为消费者提供最终产成品,而不是为制造业提供中间产品,因此,其表现出偏向于最终需求的特征。

(3)依据第六章中实证研究的结果,上海生产者服务业与制造业融合度的四个指标:制造业对生产者服务业的投入率、被制造业消耗的生产者服务业需求率、制造过程中生产者服务业的投入率和被生产者服务业消耗的制造业需求率分别为 0.1272、1.9084、0.1357 和 0.0634。可以看出,上海的生产者服务业在制造业中的实际消耗是较高的,也就是说当前上海相对发达的制造业对生产者服务业有促进和激发作用。但与之不同的是,上海生产者服务业在实践中对制造业贡献度的关键性量化数值为 0.1357,其值反映出上海生产者服务业对制造业产生的影响尚很小,即上海生产者服务业并不发达,因此对制造业产生的提升作用还非常有限。也就是说,上海相对发达的制造业已经为当地生产者服务业的发展提供了相对良好的外部环境,对生产者服务业的发展起到了良性、正向作用。但目前处于起步阶段的生产者服务业还未表现出对制造业提升的有效作用。上海生产者服务业与制造业间的融合、互动性与周边的江苏、浙江省的状况相比还较差。

(4)借鉴胡晓鹏、李庆科(2009)运用的方法计算出上海因生产者服务业融合于制造业引起的制造业价值创造能力的变化和因制造业融合于生产者服务业导致的生产者服务业价值创造能力的变化数据为 0.120、0.291。这一结果反映出上海生产者服务业向制造业提供的中间产品对制造业价值增值的作用并不理想。相反,目前,上海发达的制造业已经对生产者服务业价值增值起到了相对较好的促进作用。

(5)影响力系数和感应力系数是投入产出表中分析产业间相互波及作用的有

力工具。感应力、影响力均较高的产业部门，在经济发展中具有重要的主导地位。上海制造业对生产者服务业的感应力系数和生产者服务业对制造业的感应力系数为 1.068、0.936。这一计量分析的结果表明：上海制造业受到生产者服务业的需求压力大于生产者服务业受到来自制造业的需求。上海发展起来的制造业亟待富有知识含量和高附加值的生产者服务业的加入，以促使其实现增加产成品价值的作用。但目前，上海尚不发达的生产者服务业对制造业的需求还较小，说明上海生产者服务业向制造业提供服务的需求压力还较小，即生产者服务业与制造业融合的后项作用还不强。另外，上海制造业对生产者服务业的影响力系数和生产者服务业对制造业的影响力系数分别是 1.360、0.735，说明上海制造业对生产者服务业的拉动作用较为明显；与之相比，上海生产者服务业对制造业的拉力作用较小，表现出拉力不足的迹象。

综上所述，目前上海生产者服务业与制造业间的融合、互动性还不理想。相对较发达的上海制造业对生产者服务业产生了较强的需求、拉动和带动作用，但正处于起步阶段的生产者服务业对制造业的需求较小、没有起到应有的促进作用。这也是上海发展国际金融中心应该重点解决的问题。依本书前面章节的研究，我们得知：生产者服务业与制造业的分离也是导致 2008 年美国金融危机的众多原因之一，而要实现两者的更好融合和互动作用也必然成为我国发展上海国际金融中心的一个重要议题。

第四节　上海发展国际金融中心的政策启示

基于上海良好的地理位置、相对发达的制造业基础、远东金融中心的历史背景和济济的人才优势，要实现 2020 年将上海建成国际金融中心的目标是具有诸多优势的。同时，2010 年上海世博会的召开必然会对上海乃至全国的经济产生巨大的影响。依据以往世博会举办的经验，世博会对所在城市产业结构的调整和升级也提供了一个绝好的时机。通常，世博会带来产业结构最明显的变化便是第三产业比重的上升。依据历史上的成功经验：1984 年新奥尔良世博会极大促进了路易斯安那州服务业的进步，特别是旅游、零售、房地产和其他服务业在整个州 GDP 中份额的提升；2000 年汉诺威世博会期间，汉诺威市服务业较上年增长了 3.2%；2010 年上海世博正是基于世博对城市发展提升的原因而确立了"城市，让生活更美好"（Better City, Better Life）的主题。2010 年世博会背后实际上蕴藏着丰厚的世博经济。世博期间将会聚大量的人流、物流、资金流,并将为上海金融、旅游、交通、餐饮、广告、电信、宾馆、装饰等服务业的发展创造更多的机遇与契机,并由此带来巨大的经济效益。世博会将大幅度带动上海新一轮生产者服务业增长的高潮。上海世博期间会产生巨大的生产者服务业的需求,包括金融、环保、科技等诸多内容,其服务对象涉及全球100多个国家和国内几十个省市不同层次的需求者。上海世博会期间直接投资于金融服务业的资金就达30亿美元,由此带动延伸领域的投资会放大5~10倍,也就是150亿~300亿美元。这将促进上海国际金融机构集聚的加快和金融发展环境的优化。近两年来,世博科技行动计划已启动了100多个专题研究项目。与科技进步相关的新兴行业,主要体现在信息业和各类其他技术服务业上。这些产业都是生产者服务业发展的重点。

基于上海良好的天时、地利优势,为大力发展生产者服务业提供了良机。但基于上文中对美国国际金融中心——华尔街金融危机的爆发和对上海生产者服务业状况的研究分析后,我们发现能够实际、有效地实现上海生产者服务业与制造业间的融合、互动性成为铸就上海国际金融中心的重要因素之一,以及今后全国范围内生产者服务业发展,尤其我国金融业的进步、第三产业的更快提升、虚实经济体间的平衡,甚至未来经济健康发展的中心议题。

那么,如何有效地实现生产者服务业与制造业间的有效融合,围绕这一议题,本书将提出一些相关的政策建议。

(1)继续加强上海制造业比较优势的发挥,尤其充分利用长三角的区域优势,实现上海制造业与长三角地区生产地融合和互动性。上海制造的历史由来已久,在计划经济年代,上海手表、金星电视、永久自行车、回力球鞋在长达几十年的时间里风靡全国。据统计表明,计划经济时期,上海共有156个名牌,其中国人熟知的有:凤凰牌自行车、蝴蝶牌缝纫机、红灯牌收音机……上海制造业的基础好、市场大、产业结构相对完整、劳动力素质高。进入20世纪90年代后,珠三角制造业的崛起,使上海制造业渐渐相形见绌。在新时期,上海制造业的短板关键在于技术创新能力差而导致制造业升级难的问题。企业没有自己的核心技术,微薄的加工收益使上海制造业的盈利能力在下降。当前上海制造业中的核心企业:上广电就已出现因技术改进跟不上市场变化,缺乏核心技术而导致去年18亿元的巨额亏损;2008年上海汽车实现营业总收入1058.92亿元,营业利润-9.70亿元,较去年下降了108.21%。基于上海制造业的现状,大力发展生产者服务业,并将发达的生产者服务业提供的中间产品渗透到制造业中,为解决上海制造业技术短缺、创新不足的问题将发挥至关重要的作用。在这一过程中，结合上海在全国人力资源方面的比较优势，为人才的发展提供更加有利的成长和发展环境，尤其需要注意科学技术成果向现实制造业中的转化，金融保险业以及信息传输和计算机服务软件等对制造业的促进作用。上海作为我国新时代生产者服务业发展的中心城市之一，可以在大力发展生产者服务业的同时，努力将上海、中国乃至世界的制造业"大脑"（即生产者服务业，是引导制造业升级的核心部分）向上海聚集。上海可通过开办有特惠政策的工业园区、区域经济区、商务办公楼，借助其便利的交通、通信等基础设施等为国内外大中型企业商务运作、谈判和交流提供良好的环境，吸引更多专业类人才聚集上海，使上海逐步发展成为生产者服务业聚集区，真正成为中国乃至世界工业制造的"大脑"会集区之一，以便于科研开发、技术交流和信息互动。尤其值得注意的是，我们需要吸取美国发生金融危机的经验、教训，避免我国在发展上海国际金融中心时，忽略制造业的提升，仅单一地发展生产者服务业，而是要充分发挥"大脑"的辐射和影响作用，逐步实现上海国际金融中心对中国、全球制造业核心价值体系的掌控。我们必须坚定地遵循这一原则：要持久、有效地发展服务业必须以拥有强大、坚实的制造业为基础。

（2）针对我国人口众多的国情，我国在发展第三产业的同时，一定要牢牢把握制造业进步的战略方向。基于我国劳动力素质低、受教育程度低、技能水平差等现实状况，相当一段时间内制造业仍将成为我国解决民生和就业的重要途径。这不仅关系到我国的经济发展，同时对于整个社会的稳定都将发挥重要作用。

（3）作为20世纪30年代"远东金融中心"的上海在新时期发展生产者服务业是具有重要作用的。金融业是生产者服务业中具有鲜明特征的重要产业，上海金融业具有良好的历史发展基础。基于美国金融危机的教训，上海在构建全球金融中心的同时，尤其要妥善处理好金融业的开放和监管间的关系。一方面，要为上海发展国际金融中心创造更多机会，以便吸引世界发达生产者服务业进驻上海，积极推进金融衍生品的创新，进一步活跃金融市场；另一方面，应该吸取美国金融业过度发展的经验教训，尤其针对金融机构及衍生品评级机构的资质和信誉进行严格、不间断的检查，并以国家立法的形式借助行政制裁对违规行为严惩。

（4）积极、有效地促进金融业与制造业的融合。严格监控金融产品向消费者市场和政策服务市场转化的数量，出台相应的政策，大力鼓励金融业向制造业、生产型企业的借贷行为，尤其加速金融业向制造业地融资，为有发展前景、高科技创新型产业以及环保新型材料等制造业提供方便、优惠的服务。有条件的地区可以提供从原料采购至售后服务过程中生产企业所需的各类服务,从而不仅增加了生产者服务业对制造业的价值增值,同时也节省了制造时间,提高了生产效率,加快了过程循环,从而有利于整个社会经济的进步。

(5) 基于对美国纽约产业的研究,我们发现上海与当年的纽约有许多相似的发展历程。纽约依靠优越的地理位置,在发展早期就已经成为美国进出口贸易中心。第一次世界大战后,纽约不仅成为功能齐全的综合性大都市,也确立了以劳动密集型制造业为主导型的产业。之后,20 世纪 70 年代中期,尤其自 60 年代开始,纽约的产业结构出现了相对较大的调整,制造业急剧下滑,服务业大面积提升,尤其是金融业的发展异常迅速。1950~1980 年,纽约就有 20 万服装制造业工人失业,占纽约制造业失业人口的 1/5,而 1959~1969 年就业于金融、保险和房地产业的人员就增长了 22.8%。自 20 世纪 70 年代至今,美国制造业的比重继续下滑,服务业中的生产者服务业越来越具有国际化的发展态势,从而造就了今天世界金融界的神经中枢——华尔街。分析美国纽约的情形与上海进行对照,我们发现两者的类似之处。上海,也是依托天然良港的优势从发展国际贸易开始,经历了我国计划经济时期的工业中心的发展,目前又逐步开始向服务业发展方向转变。依据前面的分析,我们知道 20 世纪 70 年代的上海轻工业,如今几乎所剩无几。因此,汲取美国金融危机的经验、教训,我们在大力发展"三二一"战略步骤的同时,一定要注重将制造业与生产者服务业融合起来,千万不能认为发展服务业、发展金融、航运中心就不再需要发达的制造业,这将不利于我国建设上海国际金融中心这一战略目标的长期性发展。我们应该意识到制造业对上海、中国甚至世界经济的发展起到的联动、循环作用,以及今后我国经济体正常运行的关键性作用。因为服务业的发展实际上就是制造业发达后产业升级的结果。但升级后的产业仍然需要制造业做基础的。若我们失去制造业这一基石,生产者服务业就会失去方向,而不能发挥其实际应有的作用。也就是说,我们要两手抓,两手都要硬。只有协调好生产者服务业与制造业的关系,促进虚实经济体的共同发展,上海发展国际金融中心的目标才能实现并长期地持续下去。与国际金融中心美国纽约、英国伦敦、日本东京等相比,纽约在大力发展生产者服务业的同时,制造业比重在不断下降,伦敦的情形也与之类似。今天的伦敦,制造业产值仅占到其 20 年前的一半,目前伦敦的工业产值仅为城市产出的 6%,而日本东京与美国纽约和英国伦敦有所不同。日本东京集中了全国 50% 以上的航空发动机、出版、制本、图片制版等行业产值,与此同时,东京的第三产业也异常发达。20 世纪 60 年代以后就一直超过第二产业并呈逐年增加的趋势。因此，东京不仅是金融中心，同时也是日本的制造业中心。从产业发展战略角度来看，日本大力发展了第三产业，同时还重点稳定了第二产业和小幅度维持了第一产业。这也是日本在深受2008年美国金融危机影响，却能在诸多发达国家中成为较早逐步摆脱危机阴影并实现经济初步复苏的国家的重要原因之一。

因此，上海在发展国际金融中心时，要吸取美国金融危机的教训，同时要借鉴日本东京的经验，并在其基础上做进一步改进，真正实现将生产者服务业与制造业融合起来，实现发达的制造业为生产者服务业提供更高平台，生产者服务业真正促进制造业的进步。用两条腿走路，尽快扭转我国从工业大国向工业强国的转变。这不仅有助于我国建设上海国际金融中心目标的实现，对我国国民经济的正确、健康发展都将发挥至关重要的作用。

上海在发展国际金融中心这一目标时，应放眼全球，应竭力将全国乃至全世界的制造业"大脑"（在此指生产者服务业）会集于上海。通过出台各项大力发展生产者服务业的举措，真正提升全国、全球制造业的发展，为推动新一轮的技术革新创造条件。同时，上海应充分依托长三角的天然区域优势，努力形成以上海为龙头，带动长三角地区以及全国其他省份、地区经济共同发展、相互协作、互相支持的局面，通盘考虑、全盘搞活，真正发挥上海金融中心的作用。同时，借助上海与我国香港的战略合作关系，形成良好的互动发展格局。

关于如何更好地实现生产者服务业与制造业间的融合、互动以及具体的举措、措施；如何更好地衡量生产者服务业对制造业发展的作用；如何通过发展生产者服务业以顺利实现我国产业升级、转型；如何发挥上海建立国际金融中心对全国生产者服务业的带动和促进作用都是需要本书作者在今后的学术道路上进一步研究和探索之处。本书作者相信对生产者服务业的研究对现实经济的更快发展是有意义的实际效用。

参考文献

1. 井木信义：《瑕瑜互见——日美产业比较》（中译本），中国财政经济出版社 1990 年版。
2. 曹自强：《美国服务贸易出口现状与战略》，《国际贸易》1996 年第 3 期。
3. 储敏伟、贺英、朱德林：《2007 年上海国际金融中心建设蓝皮书》，上海人民出版社 2007 年版。
4. 陈广汉、曾奕：《CEPA 对内地香港生产者服务贸易影响的理论分析》，《经济学家》2005 年第 2 期。
5. 陈志洪、高汝熹、管锡展：《纽约产业结构变动对上海的启示》，《上海经济研究》2003 年第 10 期。
6. 程大中、陈宪：《上海生产者服务与消费者服务互动发展的实证研究》，《上海经济研究》2006 年第 1 期。
7. 程大中：《中国服务贸易显性比较优势的定量分析》，《上海经济研究》2003 年第 5 期。
8. 程大中、陈宪：《服务贸易理论研究：现实基础、总体状况及初步设想》，《上海经济研究》2000 年第 12 期。
9. 程大中：《中国生产者服务业的增长、结构变化及其影响》，《财贸经济》2006 年第 10 期。
10. 陈宪、程大中：《国际服务贸易原理·政策·产业》，立信会计出版社 2005 年版。
11. 陈宪、黄建锋：《分工、互动与融合：服务业与制造业关系演进的实证研究》，《经济学家》2004 年第 10 期。
12. 陈怡：《我国国际服务贸易的依存度和贡献度以及相关问题研究》，华侨大学博士学位论文，2006 年。
13. 成思危：《虚拟经济与金融危机》，《管理评论》2003 年第 15 期。
14. 党怀清：《我国生产性服务业发展探析》，《中南财经政法大学学报》2007

年第 6 期。

15. 弗拉维·马丁内利：《生产者服务业的发展趋势》，《国际经济评论》1993年第 1 期。

16. 冯泰文：《生产者服务业的发展对制造业效率的影响——以交易成本和制造成本为中介变量》，《数量经济技术经济研究》2009 年第 3 期。

17. 冯芸、林丽梅：《科技进步、金融服务与国际金融中心建设》，《中国软科学》2009 年增刊。

18. 高传胜：《中国生产者服务对制造业升级的支撑作用——基于中国投入产出数据的实证研究》，《山西财经大学学报》2008 年第 1 期。

19. 高春亮：《文献综述：生产者服务业概念、特征成区位》，《上海经济研究》2005 年第 11 期。

20. 高传胜、李善同：《中国生产者服务：内容、发展与结构——基于中国1987~2002 年投入产出表的分析》，《现代经济探讨》2008 年第 1 期。

21. 顾乃华、毕斗斗、任旺兵：《生产性服务业与制造业互动发展：文献综述》，《经济学家》2006 年第 6 期。

22. 顾乃华：《我国服务业对工业发展外溢效应的理论和实证分析》，《统计研究》2005 年第 12 期。

23. 顾乃华：《生产服务业、内生比较优势与经济增长：理论与实证分析》，《商业经济与管理》2005 年第 4 期。

24. 顾乃华、毕斗斗、任旺兵：《中国转型期生产性服务业发展与制造业竞争力关系研究——基于面板数据的实证分析》，《中国工业经济》2006 年第 9 期。

25. 龚锋：《国际服务贸易：我国经济持续高速增长的重要支撑》，《改革与战略》2007 年第 1 期。

26. 郭怀英：《韩国生产性服务业促进制造业结构升级研究》，《宏观经济研究》2008 年第 2 期。

27. 韩军：《人力资本要素与国际贸易比较优势的发挥》，《国际经贸探索》2001 年第 3 期。

28. 胡新华：《我国服务贸易发展及其经济效应的研究》，重庆大学硕士学位论文，2006 年。

29. 胡景岩：《中国发展服务贸易的思考》，《国际贸易论坛》2006 年第 6 期。

30. 宏法：《中国服务贸易滞后的原因及其对策》，《金融科学——中国金融学院学报》1998 年第 2 期。

31. 韩晶、李沁：《世界生产性服务业发展的新趋势及我国战略对策》，《东南亚纵横》2008 年第 4 期。

32. 胡永远：《人力资本与经济增长：一个实证分析》，《经济科学》2003 年第 3 期。

33. 胡晓鹏、李庆科：《生产者服务业与制造业共生关系研究——对苏、浙、沪投入产出表的动态比较》，《数量经济技术经济研究》2009 年第 2 期。

34. 江小娟：《服务全球化的发展趋势和理论分析》，《经济研究》2008 年第 2 期。

35. 刘伟、张辉：《中国经济增长中的产业结构变迁和技术进步》，《经济研究》2008 年第 11 期。

36. 江静、刘志彪、于明超：《生产者服务业发展与制造业效率提升：基于地区和行业面板数据的经验分析》，《世界经济》2007 年第 8 期。

37. 刘绍坚：《国际服务贸易发展趋势及动因分析》，《国际贸易问题》2005 年第 5 期。

38. 刘志彪：《发展现代化生产者服务业与调整优化制造业结构》，《上海经济研究》2006 年第 11 期。

39. 刘迎秋：《论人力资本投资及其对中国经济成长的意义》，《管理世界》1997 年第 3 期。

40. 刘伟、张辉：《中国经济增长中的产业结构变迁和技术进步》，《经济研究》2008 年第 11 期。

41. 林锋、刘章文、王建华：《上海生产者服务业 FDI：现状、问题与分析》，《上海企业》2008 年第 2 期。

42. 李炜：《我国服务贸易发展问题与对策》，《管理实务》2006 年第 12 期。

43. 李佳：《浅析我国服务发展中的问题及对策》，《法律与经济》2006 年第 48 期。

44. 李忠民：《人力资本通论》，经济科学出版社 1999 年版。

45. 李忠民：《人力资本与经济增长》，《南开经济研究》1999 年第 4 期。

46. 梁丹丹：《我国服务贸易增长率和经济增长率的实证研究》，《经济师》2005 年第 10 期。

47. 潘菁：《国际服务贸易促进我国经济增长研究》，《重庆大学学报》2004 年第5期。

48. 沈珅：《人力资本积累与经济持续增长》，《生产力研究》1997年第2期。

49. 邵鲁宁：《生产性服务外包管理研究》，同济大学博士学位论文，2007年。

50. 申朴：《技术变迁、要素积累与发展中国家服务贸易比较优势动态变化的研究》2006年第6期。

51. 尚宇红：《生产者服务业：现状、问题和发展对策》，《理论探索》2008年第2期。

52. 陶纪明：《生产者服务业的功能及其增长》，《上海经济研究》2006年第9期。

53. 王敬荣：《国内外生产性服务业研究述评》，《商业研究》2006年第12期。

54. 王荣艳：《东亚各国（地区）承接生产者服务外包的竞争力研究》，《国际贸易》2008年第8期。

55. 王子先：《发展生产性服务业的战略选择》，《国际贸易论坛》2006年第4期。

56. 王金营：《人力资本与经济增长的实证分析》，中国财政经济出版社2001年版。

57. 汪素芹、孙燕：《中国生产性服务贸易发展及其结构分析》，《商业经济与管理》2008年第11期。

58. 吴楠、吴国蔚：《我国服务贸易的阻力及其对策》，《商业时代》2007年第10期。

59. 汪文武、金星：《生产性服务业提升制造业竞争力的作用分析》，《技术经济》第1期。

60. 许宪春：《90年代我国服务业发展相对滞后的原因分析》，《管理世界》2000年第6期。

61. 杨玉英：《我国服务贸易发展的现状与对策》，《宏观经济研究》2003年第2期。

62. 杨玲：《中国生产者服务业对国际服务贸易贡献率的理论和实证研究》，《国际贸易问题》2008年第9期。

63. 杨玲：《中国服务业、服务贸易、生产者服务贸易间层进关系现状研究》，《改革》2009年第12期。

64. 杨玲：《中国生产者服务业与国际贸易关联度的理论与实证研究》，《经济学家》2010年第4期。

65. 杨玲：《纵析美国生产者服务业的变迁启示——基于1997、2002、2007年投入产出表的实证研究》，《经济与管理研究》2009年第9期。

66. 杨玲：《我国生产者服务业发展中的警示——基于后工业时代美国生产者服务业的深度探究》，《经济经纬》2009年第5期。

67. 杨玲：《人力资本的提升对发展生产者服务业贡献因子的深度探究》，《科技管理研究》2010年第1期。

68. 杨玲：《基于后工业时代对美国生产者服务业的深度探究及启示》，《经济与管理研究》2010年第1期。

69. 杨玲：《中国服务贸易中生产者服务业发展瓶颈的动态探究》，《生产力研究》2009第4期。

70. 杨玲：《生产者服务业对国际贸易收益增长的规模效应分析》，《开发研究》2009年第4期。

71. 杨玲：《我国生产者服务贸易中人力资本贡献度实证研究业的作用》，《经济体制改革》2009年第11期（增刊）。

72. 杨玲、郭羽诞：《美国金融危机带来的产业启示》，《上海会计管理》2009年第4期。

73. 杨立岩、潘慧蜂：《人力资本、基础研究与经济增长》，《经济研究》2003年第4期。

74. 于楠：《我国服务贸易发展的阻力及对策分析》，《商业时代》2007年第10期。

75. 余长林：《人力资本投资结构与经济增长》，《财经研究》2006年第10期。

76. 原毅军、刘浩、白楠：《中国生产性服务业全要素生产率测度——基于非参数Malmquist指数方法的研究》，《中国软科学》2009年第1期。

77. 曾奕、李军：《生产者服务贸易的贸易模式研究：基于面板数据的分析》，《统计研究》2006年第12期。

78. 郑春霞、陈漓高：《国际分工深化中生产者服务贸易的增长及对我国的启示》，《世界经济研究》2007年第1期。

79. 郑吉昌：《关于国际服务贸易及中国服务贸易发展的几个问题》，《经济问题研究》2000年第2期。

80. 庄子银：《技术进步内生化与中国经济的长期增长》，《武汉大学学报（人大科学版)》1998年第5期。

81. 张纯洪：《人力资本"均化"与中国经济增长》，《管理世界》2004年第11期。

82. 朱舟：《人力资本投资的成本收益分析》，上海财经大学出版社1999年版。

83. 张辉：《中国人力资本贡献率的实证研究（1978～2004）》，东北财经大学硕士学位论文，2007年。

84. 赵曙明、陈天渔：《经济增长方式转型与人力资本投资》，《江苏社会科学》1998年第1期。

85. 庄树坤、刘辉煌：《生产性服务业发展的金融支持研究——基于中国的实证检验：1978～2007》，《国际经贸探索》2008年第11期。

86. 郑吉昌、夏晴：《论生产性服务业的发展与分工的深化》，《科技进步与对策》2005年第2期。

87. 钟契夫：《投入产出原理及其应用》，中国社会科学出版社1982年版。

88. A. E. Gillespie, A. E. Green. The Changing Geography of Producer Services Employment in Britain. Regional Studies, 1987, Vol. 21 (5), pp. 397—411.

89. A Mac Pherson. Interfirm Information Linkages in an Economically Disadvantages Region: an Empirical Perspective from Metropolitan Buffaco. Environment and Planning A, 1991, Vol. 23, pp. 591—606.

90. Esben Sloth Andersen. Multisectoral Growth and National Innovation Systems. Journal of Political Economy, 1999, Vol. 25 (1), pp. 33—52.

91. Albert De Vaal, Marianne Van Den Berg. Producer Services, Economic Geography and Services Tradability. Journal of Regional Science, 1999, Vol. 39, pp. 539—572.

92. Alan Macpherson. Producer Service Linkages and Industrial Innovation: Result of a Twelve-year Tracking Study of NewYork State Manufacturers. Growth and Change, 2008, 39 (1), pp. 1—23.

93. Alvaro Manuel Pina, Miguel St. Auyn. Comparing macroeconomic returns on human and public capital: an empirical analysis of the Portuguese Case (1960—2001). Journal of Policy Modeling, 2005, Vol. 27, pp. 585—598.

94. Alvin, Toffler. The Third Wave, Bantam Books, 1980.

95. Martin Andersson. Co-location of manufacturing & producer services: a simultaneous equation approach. Working Paper, 2004.

96. Ahmad Faruqui, John Broehl. The Changing Structure of American Industry and Energy Use Patterns. Battelle Press, 1985, pp. 86—90.

97. Bart Lambregts. Geographies of Knowledge for Mationin Mega-City Regions: Some Evidence from the Dutch Randstad. Regional Studies, 2008, Vol. 42, pp. 1173—1186.

98. D. Bell. The Coming of Post-industrial Society: Aventure in Society Forecasting. Basic Books Inc., 1973.

99. Céline Boîteux-Orain, Rachel Guillain. Changes in the Intra-metropolitan Location of Producer Services in Ile-De-France (1978 — 1997): Do Information Technologies Promote a More Dispersed Spatial Pattern. Urban Geography, 2004, 25 (6), pp. 550—578.

100. Janet Ceglorrski. Does Gravity Matter in a Service Economy? Review of World, 2006.

101. Wong Clement YukPang, Wu Jinhaui, Zhang Anming. A model of Trade Liberalization in Services. Review of international Economics, 2006, Vol. 14, pp. 148—168.

102. Charles Van Marrewijk, Joachim Stibora, Albert De Vaal, Jean-Marie Viaene. Producer Services, Comparative Advantage and International Trade Patterns. Journal of Internatimal Economics, 1997, Vol. 42 (1—2), pp. 195—220.

103. David C. Mowery, Richard R. Nelson. Source of Industrial Leadership: Studies of Seven Industries. Cambridge University Press, 1999.

104. Avinash K. Dixit, J. E. Stiglitz. Monopolistic Competition and Optimum Product Diversity. American Economics Review, 2007 (67), pp. 297—308.

105. Dapeng Hu. International Transaction Cost, Trade in Producer Services and FDI Agglomeration. English Collective Volume Article, 2000.

106. Wilfred J. Ethier. National and international returns to scale in the modern theory of international trade. American Economic Review, 1982, Vol. 72 (3), pp. 389—405.

107. E. Felli, F. C. Rosati, G. Tria. The Service Sector: Productivity and

Growth: Proceedings of the International Conference Held Income, Italy, May 1993. Physica-Verlag HD, 1995.

108. Franklin R. Root. U. S. High Technology Industry and International Competitiveness. The Journal of High Technology Management Research, 1990, Vol. 1 (1), pp. 91-102.

109. Fred L. Block. Post Industrial Possibilities. University of California Press, 1990, pp. 81-85.

110. Joseph F. Francois. Producer Services, Scale, and the Division of Labor. Oxford Economic Papers, 1990, Vol. 42 (4), pp. 715-729.

111. Joseph Francois, Julia Woerz. Producer Services, Manufacturing Linkages and Trade. Tinberyen Institute Discussion Paper, 2007.

112. Joseph F. Francois. Trade in Producer Services and Returns due to Specialization under Monopolistic Competition. Canadian Journal of Economics, 1990, Vol. 23, pp. 109-124.

113. Roland J. Fuchs, John M. Street. Land Constraints and Development Planning in Taiwan. The Journal of Developing Area, 1980, Vol. 4, pp. 313-326.

114. Hill Hal. Industrialisation in ASEAN: Some Analytical and Policy Lessons. Institute of Southeast Asian Studies, 1999.

115. Amy P. Hutton, Gregory S. Miller, Douglas J. Skinner. The Role of Supplementary Statements with Management Earnings Forecasts. Journal of Accounting Research, 2003, Vol. 41 (5), pp. 867-890.

116. H. Grubel. Producer services: their important role in growing economies. Discussion Papers from Department of Economics, Simon Fraser University, 1993.

117. Gerhard Palme. Manufacturing Shapes Economic Development of Upper Austria. WIFO Montsberichte (Monthly Reports), 1997, Vol. 70, pp. 741-751.

118. Elhanan Helpmann, Paul Krugman. Market Structure and Foreign Trade. Cambridge MA: MIT Press, 1985.

119. Horst Raff, Marc Von Der Ruhr. Foreign Direct Investment in Producer Services: Theory and Empirical Evidence. CESifo Working Paper, 2001.

120. Hildeunn Kyvik Nordás, James Hodge. Liberalisation of Trade in Producer Services the Impact on Developing Countries. CMI Report, 1999.

121. Jota Ishikawa. Trade Patterns and Gains from Trade with an Intermediate Good Produced under Increasing Returns to Scale. Journal of International Economics, 1992, Vol. 32, pp. 57−81.

122. James R Faulconbridge, Sarah J E Hall and Jonathan V Beaverstock. New Insights into the Internationalization of Producer Services: Organizational Strategies and Spatial Economics for Global Headhunting Firms. Environment and Planning A, 2008, Vol. 40 (1), pp. 210−234.

123. James Markusen, Thomas F. Rutherford, David Tarr. Trade and Direct Investment in Producer Services and the Domestic Market for Expertise. Canadian Journal of Economics, 2005, Vol. 38 (3), pp. 759−776.

124. James R. Markusen, Bridget Strand. Trade in Business Services in General Equilibrium. NBER Working Papers, 2007.

125. John Tschetter. Producer Services Industries: Why are They Growing so Rapidly. Monthly Labor Review, 1987, Vol. 110 (12), pp. 31−40.

126. Joseph F. Francois. Explaining the Pattern of Trade in Producer Services. International Economic Journal, 1993 (7), pp. 23−31.

127. James R. Markusen. Trade in Producer Services and in Other Specialized Intermediate Inputs. American Economic Review, 1989, Vol. 79 (1), pp. 85−95.

128. J. Hodge, H. K. Nordas. Liberalization of Trade in Producer Services-The Impact on Developing Countries. The South African Journal of Economics, 2001, Vol. 69 (3), pp. 92−93.

129. R. W. Jones, F. P. Ruane. Appraising the Options for International Trade in Services. Oxford Economic Papers, 1990 (42), pp. 672−687.

130. Robert E. Lucas, Jr. On the Mechanics of Economic Development. Journal of Montary Economics, 1988, Vol. 96, pp. 701−711.

131. Jerome M. Rosow. Productivity Prospects for Growth, Van Nostrand Reinhold/Work in American Institute Series, 1981, pp. 193−198.

132. Jerry W. Markham. Financial History of the United States, Volume Ⅱ. M. E Sharpe, 2002, pp. 93−107.

133. John W. Kendrick, Elliot S. Grossman. Productivity in the United States. Princeton University Press, 1961.

134. John E. Ullmann. The Improvement of Productivity: Myths and Realities. Praeger Publishers, 1980, pp. 132—133.

135. Ming Lin Chin. Service in Foreign Trade of the United States. Ph. D. dissertation of The University of Wisconsin, 1992.

136. FuKunari Kimura, Hyun-HoonLee. The Gravity Equation in International Trade in Services. Review of World Economics, 2006, Vol. 142 (1), pp. 92—121.

137. Paul R. Krugman. Increasing Returns, Monopolistic Competition, and the InterMediate Inputs. Journal of International Economics, 1979, Vol. 99 (4), pp. 469—479.

138. Paul R. Krugman. Scale Economies, Product Differentiation and the Pattern of Trade. American Economic Review, 1980, Vol. 70 (5), pp. 950—959.

139. Paul R. Krugman. Intra-industry Specialization and the Gains from Trade. Journal of Political Economy, 1981, Vol. 89 (5), 91, pp. 959—971.

140. Paul R. Krugman, Import Protection as Export Promotion: International Competition in the Presence of Oligopoly and Economies of Scale, Henryk Kierzkowski (Ed.). Oxford University Press, 1984, pp. 180—193.

141. Paul R. Krugman. Geography and Trade. Cambridge (MA): MIT Press, 1991.

142. Paul R. Krugman. Increasing Returns and Economic Geography. Journal of Political Economy, 1991, Vol. 99 (3), pp. 483—499.

143. Paul R. Krugman. History and Industry Location: The Case of the Manufacturing Belt. American Economic Review, 1991, Vol. 81 (2), pp. 80—83.

144. Paul R. Krugman. History versus Expectations. Quarterly Journal of Economics, 1991, Vol. 106 (2), pp. 651—667.

145. Paul R. Krugman. On the Relationship between Trade Theory and Location Theory. Review of International Economics, 1993, Vol. 1 (2), pp. 11—22.

146. Paul R. Krugman. First Nature, Second Nature and Metropolitan Location. Journal of Regional Science, 1993, Vol. 33 (2), pp. 129—144.

147. Paul R. Krugman. How I Work. American Economist, 1993c, 37, pp. 25—31.

148. Paul R. Krugman. Complex Landscapes in Economic Geography. American Economic Review, 1994, Vol. 84 (2), pp. 412—416.

149. Paul R. Krugman. The Fall and Rise of Development Economics, in Rodwin and Schon, Rethinking the Development Experience: Essays Provoked by the Work of Albert O. Hirschman. Washington D. C.: Brookings Institution, 1994, pp. 39—58.

150. Paul R. Krugman. Development, Geography and Economic Theory. Cambridge (MA): MIT Press, 1995.

151. Paul R. Krugman. The Self-Organizing Economy. Oxford: Blackwell, 1996.

152. Paul R. Krugman. Urban Concentration: The Role of Increasing Returns and Transport Costs. International Regional Science Review, 1996b, 19, pp. 5—30.

153. Paul R. Krugman. What's New about the New Economic Geography. Oxford Review of Economic Policy, 1998, Vol. 14 (2), pp. 7—17.

154. Paul R. Krugman. Two Cheers for Formalism, in Controversy: Formalism in Economics. Economic Journal, 1998b, Vol. 108, pp. 1829—1836.

155. Paul R. Krugman, James A. Brander. A "Reciprocal Dumping" Model of International Trade. Journal of International Economics, 1983, Vol. 15, pp. 313—321.

156. Paul R. Krugman, A. Venables. Integration and the Competitiveness of the Peripheral Industry, in C. Bliss and J. de Macedo (eds.), The Location of Economic Activity: New Theories and Evidence. Cambridge: Cambridge University Press, 1990.

157. Paul R. Krugman, A. Venables. Globalization and the Inequality of Nations. Quarterly Jornal of Economics, 1995, Vol. 110, pp. 857—880.

158. Kostecki Michael. Business Option in the Service Sector of the Transition Economics Framework for Inquiry. Oxford: Elsevier Science Ltd., 1996.

159. Karaomerlioglu, D. C. and Carlsson, B. Manufacturing in Decline? A

matter of Definition. Economics of Innovation and New Technology, 1999, Vol. 8 (3), pp. 175—196.

160. Karl Marx. Capital. International Publishers, 1894, Vol. 1, pp. 163—235.

161. Karl Marx. Capital. International Publishers, 1894, Vol. 2, pp. 496—515.

162. Karl Marx. Capital. International Publishers, 1894, Vol. 3, pp. 434—441.

163. Nicholas Kaldor. What is Wrong with Economic Theory? The Quarterly Journal of Elonomics, 1975, Vol. 89 (3), pp. 347—357.

164. Pascal Petit, Landesmann Ma. Trade in Producer Services International Specialization and European Integration. CEPREMAP Working Papers, 1992.

165. Ling Yang. Two Value Systems: Comparison Real Economy and Finance between China and the U. S. Journal of American Academy of International Education, 2009, Vol. 9, pp. 123—137.

166. Ling Yang. Demonstration Research on the U. S. Producer Service in Post Industrial Economic Era-Based on the 2008 U. S. Economy Crisis Background Analysis and Enlightenment. Journal of American Academy of International Education, 2009, Vol. 7, pp. 74—87.

167. Alan Macpherson. Producer Services Linkages and Industrial Innovation: Results of a Twelve-Year Tracking Study of New York State Manufacturers, 2008, Vol. 39 (1), pp. 1—23.

168. Michael L. Dertouzos, Richard K. Lester, Robert M. Solow. The MIT Commission on Industrial Productivity Presents Study to senate Labor—Hu—man Resources Committee. The MIT Press, 1989.

169. Mundell, R. A Theory of Optimum Currency Areas. The American Economic Review, 1961, Vol. 51, pp. 657—665.

170. Mukesh Eswaran, Ashok Kotwal. The Role of the Service Sector in the Process of Industralization. Journal of Development Economics, 2002, Vol. 68 (2), pp. 401—420.

171. J. Markusen. Derationalizing Tariff with Specialized Intermediate Inputs and Differentiated Final Goods. Journal of International Economics, 1990, Vol. 28 (3—4), pp. 375—383.

172. J. Markusen, J. R. Melvin. Trade, Factor Prices and Gains from Trade with Increasing Returns to Scale. Canadian Journal of Economics, Vol. 14, 1981, pp. 450−469.

173. James R. Melvin. Trade in Producer Services: a Hechscher-Ohlin Approach. Journal of Political Economy, 1989, Vol. 97 (5), pp. 1186−1196.

174. Casey B. Mulligan. Measuring Aggregate Human Capital. Journal of Economic Grouth, 2000, Vol. 5 (3), pp. 215−252.

175. Macpherson, Paul Makun, D. Externally-assisted Product Innovation in the Manufacturing Sector: the Role of Location, Inhouse R&D and Outside Technical Support. Regional Studies, 1997, Vol. 31 (7), pp. 659−668.

176. M. P. Drennan. Information Intensive Industries in Metropolitan Areas of the United States of America. Environment and Planning A, 1989, Vol. 21 (2), pp. 1603−1618.

177. Norman Frumkin. Tracking America's Economy. M. E Sharpe, 1987, pp. 71−205.

178. Paul M. Romer. Increasing Returns and Long-run Growth. Joural of political Economy, 1986, Vol. 94 (5), pp. 1002−1037.

179. Niles Hansen. Do Producer Services Induce Regional Economic Development. Journal of Regional Science, 1990, Vol. 30 (4), pp. 465−476.

180. Norman Frumkin. Tracking America's Economy. Norman Frumkin, 2004.

181. Paolo Guerrieri, Valentina Meliciani. Technology and International Competitiveness: The Interdependence Between Manufacturing and Producer Services. Structural, Change and Economic Dynamics, 2005, Vol. 16 (4), pp. 489−502.

182. Wood P. A. The Anatomy of Job Loss and Job Creation: Some Speculations on the Role of the Producer Service. Sector, Regional Studies, 1986, Vol. 20 (1), pp. 37−46.

183. S. H. Park, W. C. Labys. Industrial Development and Environmental Degradation : A Source Book on the Origins of Global Pollution. Elgar, Eolward Publishing, 1998.

184. Paul M. Romer. Growth Based on Increasing Return due to Specialization. American Economic Review, 1987, Vol. 77 (2), pp. 56−62.

185. P. N. O'Farrell, D. M. Hitchens. Producer Services and Regional Development: A Review of some Major Conceptual Policy and Research Issues. Environment and Planning A, 1990, Vol. 22 (9), pp. 1141—1154.

186. James R. Markusen, Thomas F. Rutherford, David Gerald Tarr. Trade and Direct Investment in Producer Services and the Domestic Market for Expertise. Canadian Journal of Economics, 2005, Vol. 38 (3), pp. 758—777.

187. J. Hodge, H. Nordas. Liberalization of Trade in Producer Services-The Impaction on Developing Countries. South African Journal of Economics, 2001, Vol. 69 (1), pp. 93—93.

188. R. W. Jones, F. Ruane. Appraising the Options for International Trade in Services. Oxford Economic Papers, 1990, Vol. 42 (4), pp. 672—687.

189. Jolanda P., Albert D. V. Explaining the Wage Gap: Heckscher-Ohlin, Economic Geography and Services Availability. Research Report from University of Groningen, Research Institute SOM, 2000.

190. Rupa Chanda. Trade Liberalization and Foreign Direct Investment in Producer services. English Dissertation, 1994.

191. Robert E. Litan, Jonathan Rauth. American Finance for the 21st Century. Brooking Institution Press, 1998, pp. 15—40.

192. Saskia Sassen. The Global City: New York, London, Tokyo. New Jersey: Princeton University Press, 2001.

193. Sampson, G. P and Snape, R. H. Identifying the Issues in Trade in Services. The World Economy, 1985, Vol. 7 (2), pp. 171—182.

194. Saxenian, Annalee. The Origins and Dynamics of Production Networks in Silicon Valley. Research Policy, 1991, Vol. 20 (5), pp. 423—437.

195. S. Bagchi-Sen, J. Sen. The Current State of Knowledge in International Business in Producer Services. Environment and Planning A, 1997, Vol. 29 (7), pp. 1153—1174.

196. Llleris S. Producer Services: the Key Sector for Future Economic Development. Enterpreneurship & Regional Development: An International Journal, 1989, Vol. 1 (3), pp. 267—274.

197. Se-Hark Park, Walter C. Labys. Industrial development and Environ-

mental Degradation: A Source Book on the Origins of Global Pollution. Elgar, Edward Publishing, 1998.

198. J. H. Stock, M. W. Watson. Introduction to Econometrics. New York: Pearson Education, 2003.

199. Stephen S. Cohen, John Zysman. Manufacturing Matters: The Myth of the Post-Industrial Economy. New York: Basic Books, 1987.

200. G. P. Sampson, R. H. Snape. Identifying the issues in trade in services. The World Economy, 1985, Vol. 8, pp. 171—182.

201. A. Saxenian. The Origins and Dynamics of Production Networks in Silicon Valley. Research Policy, 1991, Vol. 20 (5), pp. 421—437.

202. S. Bagchi-Sen, J. Sen. The Current State of Knowledge in International Business in Producer Services. Environment and Planning A, 1997, Vol. 29 (7), pp. 1153—1174.

203. Thomas E. Pogue. An Overview of Producer Services in the Mining Industry in South Africa. Working Paper from University of Cape Town, 2000.

204. Valter Di Giacinto, Giacinto Micucci. The Producer Service Sector in Italy Long-term Growth and its Local Determinants. Economic Working Paper from Bank of Italy, Economic Research Department, 2007.

205. Charles V. M., Joachim S. and Albert V. Producer Services, Comparative Advantage, and International Trade Pattern. 1997, Vol. 42 (1—2), pp. 195—220.

206. Willian B. Beyers. Impacts of IT Advances and E-Commerce on Transportation in Producer Services. Growth and Change, 2003, Vol. 34, pp. 433—455.